Perfect Guide of Family Camping

九州

＼親子で行きたい！／

ファミリーキャンプ場完全ガイド

改訂版

ほり編集事務所 著

Mates-Publishing

本書の使い方

※新型コロナウイルス感染拡大の影響により、利用人数やサイト数、シャワー利用やレンタル用品貸し出し等が、急きょ制限される可能性があります。予約の際、事前に電話やホームページ、SNS等でご確認ください。

本書に記載している情報は、2021年5月現在のものです。情報や料金は予告なく変更される場合があります。詳細は各施設に直接ご確認ください。

どんな施設なのかひと目でチェック

日帰り利用は可能か、宿泊施設やオートサイトはあるか、用品のレンタルはできるか、Wi-Fiは繋がるかなど、ここを見れば施設の概要が分かるよう、アイコン表記しています。

オートサイトにAC電源がある場合でも、かなり長い延長コードが必要な場合や数が少ない場合があります。いずれも、予約時に確認しましょう。

※通常、キャンプ場の「AC電源」表記は、オートサイト・テントサイトを対象とするものですが、宿泊施設だけに電源がある場合も「あり」と表記しています。予約時に必ずご確認ください。

施設のカテゴリーを6つに分類

キャンプ場を下記の6つのカテゴリーに分けています。目的や立地条件などに合わせて探すことができます。
「水辺」は立地の（海・川・湖）も表記しています。

基本データ

住所、電話番号、予約方法、定休日、開設期間などの基本データを表記しています。
予約方法は、ホームページの予約サイトからのみ受付けをしている施設もあります。その場合、記載している電話番号では予約ができず、不明点への対応しかできないこともあります。また、時間帯によっては電話に出られないこともあります。

アクセス

目的地の最寄りの高速道路I.Cや有料道路出入り口、駅などが入るように描画した略図ですので、全ての縮尺が同じというわけではありません。所要時間も、道路状況や天候、曜日などにより変動します。

※あくまで「目安」の地図ですので、道順や所要時間等を細かく気にされる方は、詳細道路地図やカーナビ等で、事前にご確認下さい。

熊本県 ふくかけまつきゃんぷじょう
服掛松キャンプ場

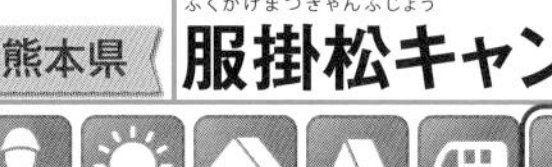

予・問	「服掛松キャンプ場」のホームページ・オンライン予約サイトから　(現地・問合わせ) TEL0967-83-0249
現地住所	上益城郡山都町長崎361
受付開始	利用の3ヵ月前の1日から予約サイトで受付 https://www.fukukake.com
定休日	なし
開設期間情報	❶❷❸❹❺❻❼❽❾❿⓫⓬

宿泊	(ログハウス) ▶in 15:00～ ◀out 翌11:00 (テントサイト / オートサイト) ▶in 12:00～ ◀out 翌12:00
日帰り	(フリーサイト / オートサイト) ▶in 9:00～ ◀out 18:00

管理棟、炊事棟、お湯の出る洗い場、コインシャワー、BBQグリル洗い場など

管理人 通常9:00～18:00常駐
※GWや夏期は時間延長で在中

シャワー＆ランドリー

田舎ログハウス内には五右衛門風呂、ログハウス内にはシャワー完備。管理棟後方に、温水シャワー室（5分間・100円）あり※予約時に要確認

宿泊棟数・サイト数

宿泊施設
ログハウス（5人用）6棟
（10人用）2棟
田舎風ログハウス（6人用）3棟

テントサイト
フリーサイト（区画なし）
通常約50組

オートサイト
オートサイト12区画
（AC電源完備）

その他 なし

アクセス

九州中央自動車道・山都中島西I.Cから、国道445・218・265号線経由で、約35分

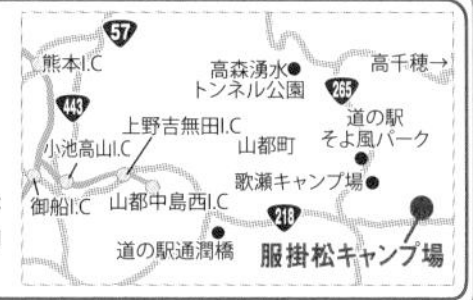

このキャンプ場のオススメをPickUp!

掲載施設の遊び場や体験教室、併設の温泉、新しく導入した施設・設備などを紹介しています。予約が必要な場合や、服装、年齢、定員数などの制限を設けている場合もあるので、事前に電話で確認しておきましょう。

料金表

入場料、1泊の利用料金、日帰りの利用料金、主なレンタル用品などを一覧にしました。
紹介している金額やレンタル品については、2021年5月時点のものです。

※予告無く料金が変更されることもありますので、予約時にご確認ください。
※福岡県は宿泊税が1人200円必要ですが、施設によっては宿泊料金に税を含めている場合もあるので、事前に確認しましょう。
※レンタル用品などは数に限りがあるので、予約時に確認しましょう。コロナウイルス感染拡大防止対策のため、タイミングによっては貸し出しを中止する場合もあります。予約時にご確認ください。

施設が提示する利用条件や注意点

施設が提示している利用条件や注意点です。利用者がより快適に過ごせるように、マナーやルールを守りましょう。
近年、必要な道具を揃えずに直火で調理や焚き火をするマナー違反者が増え、キャンプ場の運営にも支障が出ています。まれに直火が可能の施設もありますが、ほとんどの施設がNGです。チェックイン時によく確認しましょう。ここに書かれていないその他の注意点などは、施設に直接ご確認ください。

Pick Up!!

場内には、コンビネーション遊具があり、子どもたちはここで遊ばせよう。また広いサイトは、芝生の手入れがされているので、転んでも大丈夫。バドミントンなども持ってくるといいかも。

九州最大級の広さ！長年人気のキャンプ場

九州中央山地に囲まれた、九州最大級の規模を持つ「服掛松キャンプ場」。場内はフリーのテントサイトを中心に、オートサイトとログハウスで構成されている。少人数からグループでの利用にも対応できる種類と広さが自慢で、長年キャンパーから愛されている。予約は、サイトからのみの受付なので、早めに予約を入れた方が良いだろう。

フリーサイトは、4つのエリアに分かれている。「管理棟前フリーサイト」は、管理棟やトイレの目の前で、子どもが遊べる遊具が点在しているので、子連れにはこちらがオススメ。他に展望サイト、フリーサイトB東、フリーサイトB西があり、家族構成に合わせて選ぶといいかも。

田舎風のログハウス（3棟）には囲炉裏や五右衛門風呂が備えられおり、気軽に田舎体験ができる。オートサイトは全てAC電源付きで12区画あり、キャンピングカーでの利用も可能だ。

2階建のログハウス（5人用）。コンパクトでファミリー向き。冬季はガスファンヒーターもあり。

ゴールデンウィークや夏休みなどのシーズン中は、たくさんのキャンパーが集まる人気のキャンプ場。予約は早めの方がよさそう。

場内には、傾斜を利用したこんなに長い滑り台も配備。

こちらは五右衛門風呂やかまど、囲炉裏が付いた、「田舎ログハウス」。宿泊施設は少人数からファミリー、グループ向けなどさまざま。部屋のタイプや予算に合ったものを選ぼう。

料金表

1泊料金

入場料（小学生以上）1人400円
宿泊施設
ログハウス（5人用）11,000円
（10人用）22,000円
田舎風ログハウス（6人用）
28,000円
テントサイト
フリーサイト4エリアあり
・管理棟前フリーサイト
・展望サイト
・フリーサイトB東
・フリーサイトB西
いずれも 大人1,000円、小学生500円、未就学児無料
オートサイト
オートサイト1区画 4,000円

日帰り料金

入場料（小学生以上）1人200円
宿泊施設 日帰りの利用はなし
テントサイト
フリーテントサイト
大人1人500円、小学生以下無料
オートサイト 日帰りの利用はなし

レンタル料金

テント（4人用）3,000円～、タープ（L）2,000円～、テーブル500円、チェア400円、BBQグリルセット1,500円、封筒型寝袋400円、毛布（アクリル毛布シングル）300円、LEDランタン（L）1,200円など

注意事項

直火	直火は不可。焚き火は焚き火台を使用。炊事棟があるので、調理はそちらを利用しよう
花火	手持ち花火はできるが、打ち上げ花火は不可
ゴミ	ゴミは各自で持ち帰ろう

近場のスポット！

通潤橋（つうじゅんきょう）
住所：上益城郡山都町長原
TEL：0967-72-1158
（問：山都町山の都創造課）
クルマで約30分の場所に、「通潤橋」がある。農業用水を送るために建設され、日本最大のアーチ水道橋重要文化財に指定。放水日は決まっているので、問い合わせて出かけてみよう。

キャンプ場近くの立ち寄り所

せっかく遠出してキャンプに出かけるのですから、"ついで"に立ち寄れる場所も紹介しています。道の駅や観光スポットなどをピックアップしているので、キャンプ場に到着前、または帰りに寄ってみてはいかが？
※印問い合わせは、キャンプ場ではなく、記載している施設の連絡先に直接お願いします。

チェックイン＆チェックアウト

「宿泊」と「日帰り」の場合のチェックイン＆チェックアウトを表記しています。宿泊施設とオートサイトで時間が異なる場合や、季節によって変動する場合もあります。チェックイン可能な時間帯が決まっているところもあるので確認しておきましょう。

宿泊施設の数やサイト数を表記

ここを見れば、施設のおおよその広さや規模が分かります。
施設によっては、オートサイトとテントサイトを区別していない場合もあります。
研修施設などにも宿泊できる施設は、「その他」の欄に記入しています。

※本書は2016年発行の『九州　親子で行きたい！ファミリーキャンプ場完全ガイド』の改訂版です。

九州 親子で行きたい！ファミリーキャンプ場完全ガイド 改訂版

エリアマップ 福岡・佐賀・長崎・大分

佐賀県

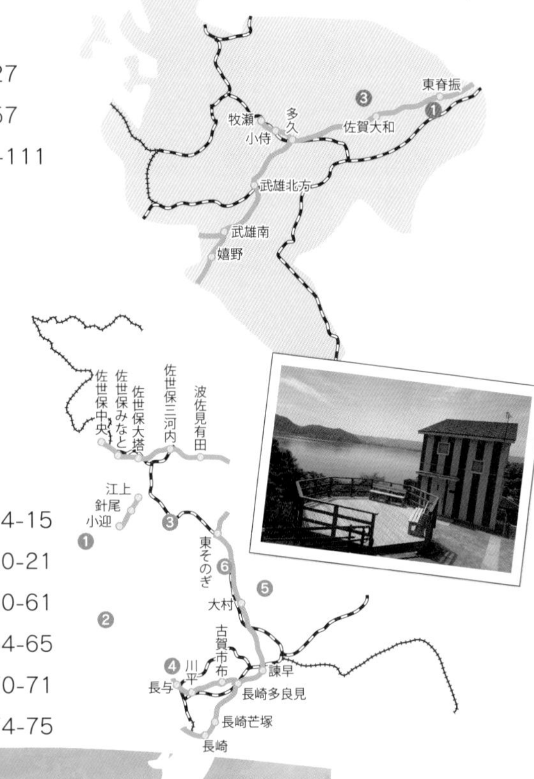

長崎県

福岡県

門司港
門司
新門司
小倉南
小倉東
八幡
鞍手
苅田北九州空港
若宮
古賀
行橋
みやこ豊津
福岡
築城
椎田
椎田南
豊前
上毛スマート
前原
前原東
太宰府
筑紫野
鳥栖
筑紫小郡
甘木
朝倉
杷木
久留米
広川
八女
みやま柳川

中津
宇佐
院内
安心院
大分農業文化公園
速見
日出
日出JCT
日田
天瀬高塚
玖珠
九重
湯布院
別府
大分
大分光吉
大分米良
大分宮河内
臼杵
津久見
佐伯
佐伯堅田
蒲江
蒲江波当津

大分県

九州 親子で行きたい！ファミリーキャンプ場 完全ガイド 改訂版

エリアマップ 熊本・鹿児島・宮崎

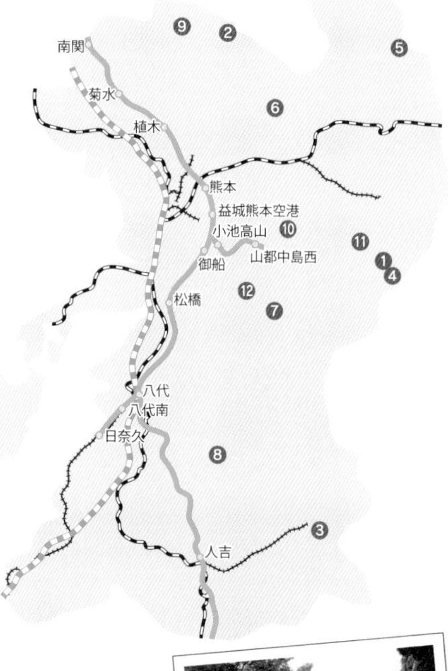

熊本県

宮崎県

北浦
須美江
北方
舞野
北川
延岡
延岡南
門川
日向
都農
川南
高鍋
西都
えびの
小林
高原
宮崎西
清武
宮崎
田野
清武南
都城
栗野
横川
加治木
溝辺鹿児島空港
始良
隼人東
国分
曽於弥五郎
市来
美山
伊集院
鹿児島西
薩摩吉田
鹿児島北
鹿児島
山田
中山
谷山
錫山
川辺
野方
頴娃

鹿児島県

九州

＼親子で行きたい！／

ファミリーキャンプ場 完全ガイド 改訂版

CONTENTS

体験メニューが豊富なキャンプ場

遊び場がイッパイのキャンプ場

水辺（海・川・湖）のキャンプ場

山間部にあるキャンプ場

CONTENTS

初心者向けのキャンプ場

グランピングが楽しめるキャンプ場

「ものづくりが好き」というファミリーにオススメ！
体験教室の日程や予約、持参するものの確認を

木工体験や茶葉煎り体験など、地域の特色を活かした体験教室を実施するキャンプ場が増えています。子どもたちはもちろん、パパやママにとっても、思い出に残るキャンプになること間違いナシです。

ただし、お出かけの日に目的の体験メニューが実施されているかどうか、事前確認するようにしましょう。内容によっては「夏休み限定」「土日祝のみ」など、実施日程が限定されているものもあり、事前予約が必要なケースもあります。ハサミや工具など、持参品が指定されている場合も。

また、服に色が付いたり汚れたりしやすい体験も多いので、エプロンや汚れてもOKの服を、人数分持って行くこともお忘れなく。

体験メニューあり

うしおのもりきゃんぷじょう

宮崎県 うしおのもりキャンプ場

管理棟 デイキャンプOK 宿泊棟 テントサイト オートサイト AC電源 水洗トイレ シャワーなど レンタル用品 フリーWi-Fi

予・問 TEL0987-67-4608（現地・問合わせ／9時～17時）または、ホームページ・予約サイトでも受付可能

現地住所 日南市富土4028-4

受付開始 利用の6ヵ月前から電話か予約サイトで受付

定休日 なし　※貸切やイベントで利用できない日もあるので、要確認を

開設期間情報 1 2 3 4 5 6 7 8 9 10 11 12

宿泊	▶in 13:00～ ◀out 翌11:00 ※清算受付時間16:00～18:00 ※キャンプ場の受付不在の場合は先にチェックイン、夕方に清算
日帰り	▶in 11:00～ ◀out 17:00 ※バーベキューのみの利用は4時間まで 詳細はP116の「HADASHI BBQ ガーデン」を参照

管理人 宿泊者がいる場合のみ13:00～18:00常駐

総合受付、BBQスペース、オートサイト、テントサイト、ファンピング、炊事場・流し場、トイレ、多目的室、かまど、キャンプファイヤーエリアなど

シャワー＆ランドリー

ランドリーはなし。温水シャワーは2カ所（宿泊者は無料/18時～23時まで）。クルマで15分ほどの場所に温泉あり

宿泊棟数・サイト数

宿泊施設

ファンピング 1基

オートサイト

AC電源無し 6区画
※繁忙期のみサイト分けあり
AC電源付き 5区画

その他

BBQスペース

アクセス

宮崎自動車道・宮崎I.Cから、国道220号線経由で、約27分

宮崎I.C方面↑
うしおのもりキャンプ場
伊比井駅
日南線
220
日南北郷I.C
東九州自動車道
サンメッセ日南
鵜戸神宮

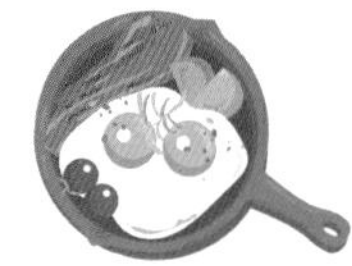

Pick Up!!

キャンプやバーベキュー以外にも、さまざまな体験プログラムを実施中。ここからクルマで5分ほどの場所にある富士海岸では、マリンスポーツを楽しめる(要予約・問い合わせ)

廃校になった小学校を活用したキャンプ場

廃校となった小学校のグラウンドを活用した「うしのあもりキャンプ場」。コミュニティー交流施設「潮の杜(うしおのもり)」が運営しており、日帰りバーベキュー(P116「HADASHI BBQガーデン」)のほか、子どもたちに木工細工やマリンスポーツ、農作業体験などの指導も行っている。キャンプ場としてはあえて設備を充実させず、多少の不便さを体験することで、子どもの成長を図るのが狙いとのこと。

校舎に宿泊はできないが、臨海学校のような雰囲気があり、大人も童心に戻って楽しめそう。キャンプができるのはグラウンドのみ。繁忙期以外は、区画しないフリーサイトとして利用できる。また、最大で4人まで宿泊ができる「ファンピング」のテントを1基設置。グランピングほど充実した設備は備わっていないが、キャンプ初心者や、まだ子どもが小さいファミリーにはピッタリの施設だ。

最大4人までが宿泊できる「ファンピング」のテント。シングルマット2台(基本)+ダブルマットの追加も可能。食事は料金に含まれない。

廃校になった小学校の校舎はそのまま。臨海学校の気分で、童心に返ってキャンプを楽しもう。

場内には温水シャワー施設が2カ所あり。18時～23時まで、宿泊者は無料で利用可。

日帰りバーベキューも、同じ敷地内で運営している。テントを持ち込むデイキャンプや宿泊時にも利用可能。食材と機材がセットになったプランなどもあり。詳細はP116の「HADASHI BBQガーデン」を参照。

料金表

1泊料金

入場料(施設利用料)
(小学生以上)1人500円
※未就学児は無料

宿泊施設 なし

テントサイト
ファンピング1張1泊12,000円
ツーリングキャンプ(定員2人)
1台1泊1,500円
持込みテント(定員6人)
1張1泊2,000円
レンタルテント(定員6人)
1張1泊4,000円

キャンピングカー1台1泊3,000円
※5m以上の場合は追加料金必要
AC電源利用(1000W/10A)
1カ所1泊1,500円
※繁忙期(土曜日、連休期間、GW、年末年始)は+1,000円)
アーリーチェックイン11:00～
+1人500円※空きがある場合のみ
レイトチェックアウト17:00まで
1,500円+1人500円
※電源利用の場合750円も必要

日帰り料金

テントを設営する場合、区画使用料
1人1,500円
※未就学児 無料
利用は11:00～17:00まで

レンタル料金

テント(3～4人用テント)1張1泊
2,000円 ほか多数あり
詳細はホームページを参照

注意事項

直火	キャンプエリア(グラウンド)での直火は禁止。焼き台や焚火台を利用しよう
花火	手持ち花火のみ、テント周辺で焚火台などに向かって。打ち上げ花火は不可
ゴミ	ゴミは各自で持ち帰ろう

近場のスポット!

サンメッセ日南

住所:日南市大字宮浦2650
TEL:0987-29-1900

日南エリアの観光スポットとして人気の「サンメッセ日南」。青い空と海をバックに、7体の巨大なモアイ像が並ぶ姿は圧巻。場内は広く高低差があるが、有料でカートの貸し出しもあり。

長崎県

伊佐ノ浦公園（いさのうらこうえん）

伊佐ノ浦コテージ
伊佐ノ浦体験交流センター

管理棟　デイキャンプOK　宿泊棟　テントサイト　オートサイト　AC電源　水洗トイレ　シャワーなど　レンタル用品　フリーWi-Fi

予・問 （コテージ・バンガロー予約専用）TEL0959-37-9511 （テントサイト・体験問合せ）TEL0959-32-9087

現地住所 西海市西海町中浦南郷1133-48

受付開始 コテージ・バンガローは利用の6ヵ月前から電話で受付。フリーサイトは当日受付

定休日 なし

開設期間情報 1 2 3 4 5 6 7 8 9 10 11 12

宿泊	（コテージ / バンガロー） ▶ in15:00～ ◀out 翌10:00 （テントサイト） ▶ in12:00～ ◀out 翌11:00
日帰り	▶ in9:00～ ◀out 17:00 ※テントサイトのみ

管理人 通常9:00～17:00常駐
※宿泊者がいる場合 24時間常駐

管理棟、炊事棟、温水シャワー室、伊佐ノ浦体験交流センター、ダム湖、水辺広場、吊り橋、展望台、レストランなど

シャワー＆ランドリー

管理棟内には温水シャワー室を完備（15分330円）。コテージ内には浴室、バンガローにはコインシャワー（3分100円）あり

宿泊棟数・サイト数

宿泊施設
コテージ（4人用）5棟
（8人用）2棟
バンガロー（4人用）2棟
（8人用）4棟

テントサイト
フリーサイト約30～40張

オートサイト なし

その他 なし

アクセス

長崎動車道・佐世保大塔I.Cから国道202号線を西海橋方面へ約30分。途中、数ケ所に伊佐ノ浦公園の標識あり

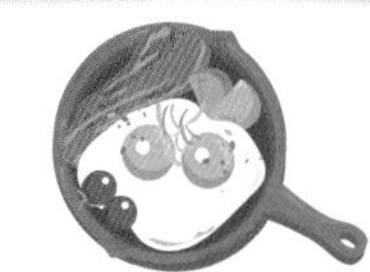

Pick Up!!

体験交流センターでは、様々な体験メニューを用意（要予約）。竹細工体験では指導者の下、自分たちで水鉄砲や竹とんぼなどを作って、遊ぶことができる。

森と水辺に包まれ、心も身体もリフレッシュ！

長崎県西海市、国道202号線を西海橋方面に走ると、眼下に見えて来るのが「伊佐ノ浦公園」。湖の周囲にはせせらぎの小路、渓流の路、桧の路などの遊歩道が整備され、レンタサイクルでのサイクリングも可能。またブラックバスやブルーギルなど、バス釣りの人気ポイントとしても知られいる。レンタルの釣り竿もあるのでチャレンジしてみては。

テントはフリーサイトで、持込テントの場合は予約不要。最大40張が設営できるスペースを確保。他にもバンガローや、ちょっとリッチな別荘気分が楽しめるコテージも完備。コテージ・バンガローの予約は、専用電話番号あり。

また、管理棟内の体験交流センターでは木工細工、竹細工、陶芸教室等、多彩なプログラムも行なわれている。ホームページにも紹介されているので、出かける前にチェックしてみよう。

静かな湖畔にたたずむコテージはキッチン・バスルーム付。天気が良い日には眺めの良いテラスでバーベキューもオススメ！

体験交流センターでは、様々な受付をしている。コテージ・バンガローの受付は、隣りの施設へ。

レンタルボートはペダル型と手漕ぎ型の2種類がある。ペダル型は2～3人用880円～、3～6人用1,100円～。手漕ぎ型は30分880円、1時間1,430円。

湖に生息する魚の種類や、釣りのコツを記したボード。レンタル用の釣り竿も用意されている。1セット3時間1,650円

料金表

1泊料金

入場料
美化協力金として小学生以上1人100円

宿泊施設
【バンガロー】
管理費1人660円（4才以上）
平日（2～4人用）1棟6,600円～
（4～8人用）1棟11,000円～
土・祝前日及び繁忙期
（2～4人用）1棟7,900円～
（4～8人用）1棟13,200円～

【コテージ】
管理費1人1,320円（4才以上）
平日（2～4人用）1棟13,200円～
（4～8人用）1棟22,000円～
土・祝前日及び繁忙期
（2～4人用）1棟15,800円～
（4～8人用）1棟26,400円～

テントサイト
テント1張につき1,040円
タープ1張につき880円

日帰り料金

入場料
美化協力金として小学生以上1人100円

テントサイト
テント・タープ1張につき各620円

レンタル料金

テント1泊2,080円、バーベキューコンロ（鉄板・トング付）880円、自転車（60分）大人440円、小人330円など

注意事項

直火	直火は不可。炊事棟があるので、調理はそちらを利用しよう
花火	花火は全て不可
ゴミ	ゴミは各自で持ち帰ろう

近場のスポット！

七ツ釜鍾乳洞
住所：西海市西海町中浦北郷2541-1
TEL：0959-33-2303
ここからクルマで約10分の場所にあるのが、国指定天然記念物「七ツ釜鍾乳洞」。洞穴は全長1500m以上、洞穴内の平均気温は通年15℃前後。「地底探索ツアー」も実施している。

ぽーんたのもりきゃんぷじょう

福岡県 ポーン太の森キャンプ場

管理棟

デイキャンプOK

宿泊棟

テントサイト
オートサイト

AC電源

水洗トイレ

シャワーなど

レンタル用品

フリーWi-Fi
※交流センターのみ

予・問 TEL0946-74-2323（現地）

現地住所 朝倉郡東峰村小石原鼓1633

受付開始 利用の6ヵ月前から電話で受付

定休日 年末年始

開設期間情報 1 2 3 4 5 6 7 8 9 10 11 12

宿泊	▶in 14:00〜 ◀out 翌10:00
日帰り	▶in 10:00〜 ◀out 16:00 （前日に宿泊利用者がいる場合） ▶in 12:00〜 ◀out 18:00

交流センター（事務所・温水シャワー）、テントサイト、バンガロー、縄文エリア、ポーン太の滝など

管理人 通常9:00〜17:00常駐
※週末や繁忙期は24時間常駐

シャワー＆ランドリー

バンガロー内の風呂を利用する場合は、2,200円必要（チェックイン時に申請）。交流センター内には温水コインシャワーあり（3分間・100円）

宿泊棟数・サイト数 

宿泊施設
バンガロー（8人まで利用可）
洋室 5棟
和室 3棟

テントサイト
区画サイト10区画
区画外ソロエリア
100円デイキャンプエリア（公園）
※試験的に開場しているので、利用時には問い合わせを

オートサイト なし

アクセス

大分自動車道・杷木I.Cから、国道386号線を日田方面へ。国道211号線を小石原方面へ約5kmで現地へ

Pick Up!!

場内ではさまざまな体験メニューを用意している(有料)。「竹飯炊飯体験」は、竹を工作し、薪とかまどを使ってご飯を炊いてみよう。自分で炊いたご飯は、最高の思い出になるだろう。

低価格のキャンプ場!アクティビティも豊富に用意

焼き物で有名な小石原にある、交流施設「ポーン太の森キャンプ場」。山の斜面を利用して建てられたバンガローがあり、洋室タイプと和室タイプの計8棟が並ぶ。バンガロー内は地場産木材をふんだんに使用しており、木の香りでいっぱい。ベランダからは見晴らしが良く、備え付けのコンロでバーベキューを楽しむことができる。室内には他にも、冷蔵庫や炊飯器などの家電品が設置され、冬には石油ストーブが用意される。

テントサイトは管理棟裏にある。トイレやかまど付きの炊事場は、ゆったりと使える広さ。クルマの横付けができないので、荷物は少なめにした方がいいかも。

また、お楽しみメニューとして、竹飯炊飯体験やイス工作、珈琲焙煎体験などが用意され、さまざまなアクティビティを楽しめる。

受付は交流センターで。ここで利用方法やさまざまな注意点を確認しよう。

レンタル品はいろいろ揃うが、数に限りがあるので、お早めに!

山の斜面に建つバンガロー(洋室)。室内は吹き抜けで開放感があり、はしごを使ってロフトに登ると、子どもたちは冒険気分を味わえるはず。

料金表

1泊料金

入場料 なし
※宿泊の場合、福岡県の宿泊税1人200円が別途必要

宿泊施設
バンガロー(8人まで利用可)
(平日) 8,800円
(土・休前日) 14,300円

テントサイト
区画サイト※駐車場1台込み
(平日) 1,650円
(土・休前日) 2,200円
区画外ソロエリア※駐車場1台込み
(全日) 1,100円

日帰り料金

宿泊施設
バンガロー(人数制限無し)
(平日) 5,500円
(土・休前日) 9,900円

テントサイト
区画サイト※駐車場1台込み
宿泊料金と同じ
区画外ソロエリア※駐車場1台込み
(全日) 550円
100円デイキャンプエリア(公園エリア)
※公園跡をデイキャンプエリアとして試験的に開場
1人100円(定員20人まで)
キャンプ場内の清掃協力者は利用料金無料!(10時〜16時まで)
駐車場 1台550円

レンタル料金

多数あり。詳細はHPを参照

注意事項

直火	直火は一部可(受付時に要確認)。炊事棟があるので、調理はこちらを利用しよう
花火	花火は条件付きで可能。受付時に確認を
ゴミ	ゴミは各自で持ち帰ろう

近場のスポット!

道の駅 小石原

住所:朝倉郡東峰村大字小石原941-3
TEL:0946-74-2300

クルマで約5〜6分の場所に「道の駅 小石原」がある。野菜はもちろん、焼き物の町らしく陶芸品もたくさん並ぶ。手頃な値段のものもあるので、是非立ち寄ってみては。

熊本県

歌瀬キャンプ場

うたせきゃんぷじょう

管理棟

デイキャンプOK

宿泊棟

テントサイト

オートサイト

AC電源

水洗トイレ

シャワーなど　レンタル用品

フリーWi-Fi
※エリアによる

予・問 TEL0967-83-0554(現地)

現地住所 上益城郡山都町菅尾1344−1

受付開始 電話で随時受付

定休日 木曜日　※夏休みは除く

開設期間情報 ❶❷❸❹❺❻❼❽❾❿⓫⓬

宿泊	▶in 12:00〜 ◀out 翌11:00
日帰り	▶in 12:00〜 ◀out 17:00 ※サイトに空きがある場合のみ利用可能

INFORMATION

受付・管理棟、炊事棟、シャワー棟、プール、水遊び場、草スキー場、ブルーベリー園など

管理人 通常 8:00〜18:00 常駐

シャワー＆ランドリー

オートAサイト正面にシャワー棟(ランドリーも)あり

宿泊棟数・サイト数

宿泊施設
バンガロー(6人用)5棟

テントサイト
テントサイト(車は駐車場へ)
8区画

オートサイト
オートAサイト
(AC電源・流し台付き)19区画
オートBサイト
(AC電源・流し台が2区画で共同)
14区画
オートCサイト
(AC電源・流し台が3〜4区画で共同)
21区画
リバーサイト
(流し台付き)25区画
フリーオート約45区画

アクセス

九州中央自動車道・山都中島西I.Cから、国道445・218・265号線経由で、約35分

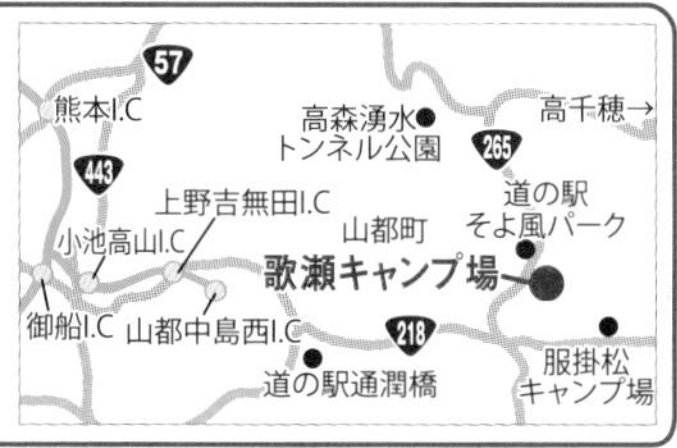

Pick Up!!

粉をこねるところから始める、本格ピザ作り体験にチャレンジ!好きな具をいっぱい乗せて、石窯で焼けば、あっという間にピザのできあがり!料金1,500円(日程は要確認/要予約)

石窯ピザ作りやブルーベリー収穫をしてみよう!

山都町にある、「歌瀬キャンプ場」。通年で利用でき、冬場はウインターキャンプで雪遊びを楽しむファミリーも多い。場内は、オートサイトを中心にテントサイト、バンガローも併設。オートサイトはAC電源・流し台付きや、区画なし・フリーなど、各種設定があるので、キャンプの慣れ具合や家族構成によって選ぼう。

ここのオススメは、ピザ作りやブルーベリー収穫体験。ピザ作り(不定期・有料・要予約)は、場内の石窯で一気に焼き上げる本格派だ。8月上旬～9月中旬はブルーベリー収穫体験が大人気で、収穫体験だけなら入園料は半額でOK!この時期しか味わえない、ブルーベリーソフトクリームも絶品。また、キャンプ初心者の為にアウトドア用品メーカーとタイアップし、不定期でテント設営講習会なども行われているので体験してみては。

バンガローからの眺め。ベランダは屋根付き。雨の日のキャンプでも、バーベキューを楽しめるのが嬉しい。

AC電源と流し台が付いた「オートサイトA」。傾斜の段差を利用して、プライバシーを確保。

遊具や草スキー場もある。ソリのレンタルもあるので、みんなで仲良く遊ぼう!

このエリアは真冬には雪が積もる。アウトドア慣れしたキャンパーなら、ウィンターキャンプの楽しみ方も熟知している。

料金表

1泊料金

入園料
大人(中学生以上)300円
小人(3才～小学生)200円

宿泊施設
バンガロー7,000円

テントサイト
テントサイト
(区画なし・車は駐車場へ)3,000円

オートサイト
オートAサイト(車は横付け可・流し台&AC電源あり)5,500円
オートBサイト(車は横付け可・流し台共同&AC電源あり)5,000円
オートCサイト(車は横付け可・流し台共同&AC電源あり)4,500円
リバーサイト(流し台付)4,500円
フリーオート
(区画なし・車は横付け可)3,500円

日帰り料金

デイキャンプ1,000円
※サイトが空いている場合に限る

その他
ブルーベリー収穫
8月上旬～9月中旬

レンタル料金

テント(大人4人用・マット・グラウンドシート付)3,500円、タープ1,500円～、BBQセット(コンロ・火箸・焼き網)1,500円、まな板・包丁・鍋各100円など

注意事項

直火	直火は不可。炊事棟があるので、調理はそちらを利用しよう
花火	手持ち花火はできるが、打ち上げ花火は不可
ゴミ	ゴミは各自で持ち帰ろう ※キャンプファイヤー広場で焼却不可

近場のスポット!

道の駅 そよ風パーク
住所:上益城郡山都町今297
TEL:0967-83-0880
クルマで3～4分の場所に、「道の駅 そよ風パーク」がある。物産館には、特産のブルーベリーを使ったジャムやお菓子がいっぱい!ランチバイキングができるレストランも見逃せない。

体験メニューあり

ながさきけんみんのもりきゃんぷじょう

長崎県〈ながさき県民の森キャンプ場

管理棟 デイキャンプOK 宿泊棟 テントサイト オートサイト AC電源 水洗トイレ シャワーなど レンタル用品 フリーWi-Fi

予・問 TEL0959-24-1660（現地）または、ホームページ・予約サイトでも受付可能

現地住所 長崎市神浦北大中尾町691-7

受付開始 利用の3ヵ月前から電話か予約サイトで受付

定休日 年末年始（12月29日～1月3日）

開設期間情報 ①②③④⑤⑥⑦⑧⑨⑩⑪⑫

宿泊	(常設テント / 芝張りテント) ▶in14:00～ ◀out 翌11:00 (バンガロー / 森の交流館（ロッジ）) ▶in15:00～ ◀out 翌11:00
日帰り	▶in11:00～ ◀out 14:00

INFORMATION

管理人 通常9:00～17:00常駐
※宿泊者がいる場合 24時間常駐

管理棟、売店、炊事棟、温水シャワー室、剖検の森アスレチック、天文台、木工館など

シャワー＆ランドリー

各バンガロー内には浴室完備。場内にも温水シャワー棟あり（4分・100円）

宿泊棟数・サイト数

オート

平屋建てバンガロー2棟
二階建バンガロー6棟
常設テント12張
芝張りサイト22区画

一般

平屋建てバンガロー3棟
二階建バンガロー7棟
常設テント25張

その他

森の交流館40人収容

アクセス

長崎自動車道・多良見I.Cから、長崎バイパス・川平有料道路を経て、国道206号へ。西海信号より左折、約11km

Pick Up!!

青い空と海を臨める丘の上に建つ「冒険の森アスレチック」。2020年にアスレチック遊具を全てリニューアル!開放感いっぱいの広場で、思いっきり体を使って遊ぼう!

木工細工に森の散策、季節ごとのイベントも盛りだくさん

「ながさき県民の森キャンプ場」は、西日本地区有数の382ヘクタールの面積を誇る森林公園の一角にある。日帰りだけでは遊び尽くせない!1泊、いや2泊と思わず連泊したくなるほど、楽しさがギッシリ詰まったキャンプ場。

園内は憩いのゾーン、癒しのゾーン、健康のゾーンという3つのエリアに分かれ、森林浴やアスレチック、オリエンテーリング、木工細工が体験できる木工館など、それぞれに自然とのふれあいを通じながらアウトドアレジャーを満喫できるポイントが点在。アスレチック遊具も全てリニューアルされ、広場では子どもたちの歓声が響く。

キャンプ場エリアはバンガローの他、常設・芝張りなど多数のテントスペースを配置。42サイトが用意されたオートキャンプ場はフラットな舗装に加え、十分な広さの横付け駐車スペースが設けられている。

森の新鮮な空気の中での食事だと、いっそう美味しくなる!

木工館では、安全に木工細工が楽しめる。定期的に木工製作のイベントも開催している。

森の中を散策すれば、鳥の鳴き声を聞いたり、風の音を聞いたり、心も満たされるはず。

森の中には沢もあり、生き物を観察したり、水遊びをしたり、たっぷり遊べる。

料金表

※キャンプ施設はオートキャンプ場、一般キャンプ場の2種類で構成

1泊料金

入場料 なし

宿泊施設

オート 平屋建(5人まで)8,900円
二階建(5人まで)11,510円
※1人追加につき1,030円
一　般 平屋建(5人まで)6,800円
二階建(5人まで)8,900円
※1人追加につき1,030円

テントサイト

オート 常設テント4,700円
芝張サイト3,130円
一　般 常設テント2,080円

ロッジ

一　般 小中学生1,350円
高校生以上2,710円

日帰り料金

宿泊施設

オート 3時間2,200円
※1時間増毎に730円
一　般 3時間2,200円
※1時間増毎に730円

テントサイト

オート 常設テント3時間1,560円
※1時間増毎に300円
芝張サイト3時間1,030円
※1時間増毎に300円
一　般 常設テント3時間510円
※1時間増毎に100円

ロッジ

一　般 小中学生250円
高校生以上510円

レンタル料金

レンタル用品多数あり

注意事項

直火	直火や焚火など(焚き火台も含む)一切不可。調理は炊事棟で
花火	条件付きで可。要問い合わせ
ゴミ	持ち帰りが基本。分別後、有料にて引き取りもあり

近場のスポット!

道の駅 夕陽が丘そとめ

住所:長崎市東出津町149-2
TEL:0959-25-1430

クルマで約25分の場所に「道の駅 夕陽が丘そとめ」がある。ここから眺める夕陽はまさに絶景!レストランでは地元産品を材料に使用した料理も楽しめる。

たいおかぞくりょこうむら

大分県 鯛生家族旅行村

管理棟　デイキャンプOK　宿泊棟　テントサイト　オートサイト　AC電源　水洗トイレ　シャワーなど　レンタル用品　フリーWi-Fi

予・問 TEL0973-56-5316（現地）

現地住所 日田市中津江村合瀬3750

受付開始 利用の6カ月前から電話か、ホームページのメールフォームで随時受付

定休日 12月〜2月　※鯛生家族旅行村は年中無休

開設期間情報       1 2 3 4 5 6 7 8 9 10 11 12　※キャンプ場の営業は3月〜11月

宿泊	（ケビン） ▶ in 15:00〜 ◀out 翌10:00 （テントサイト） ▶ in 14:00〜 ◀out 翌12:00
日帰り	日帰りの利用はなし

管理人（警備員）通常8:00〜17:00常駐
※宿泊者がいる場合 24時間常駐

管理棟、炊事棟、トイレ・温水シャワー棟、道の駅鯛生金山、地底博物館

シャワー＆ランドリー

ケビン内には風呂完備。場内にはトイレ＆温水シャワー棟がある（シャワー5分・100円）

宿泊棟数・サイト数

宿泊施設
ケビン（洋室タイプ）7棟
（和室タイプ）5棟

テントサイト
フリーサイト約10サイト
（AC電源なし）

オートサイト
オートキャンプ場18サイト
（AC電源なし）

その他 なし

アクセス

大分自動車道・日田I.Cから、国道212号線経由で、約60分

Pick Up!!

地底博物館では、砂金採りの体験ができる。実際に採れた砂金はホルダーに入れて、「幸運のお守り」として持ち帰ることができるので、チャレンジしてみよう。●砂金採り30分680円

砂金採りを体験!ロマンあふれるキャンプ場

2007年に近代産業遺産に登録された鯛生金山(たいおきんざん)。ここに併設しているキャンプ場が、「鯛生家族旅行村」だ。キャンプ場は、ケビンとオートキャンプ場に別れている。ケビンは洋室タイプ7棟、和室タイプ5棟の計12棟。区画のオートキャンプ場が18サイトとフリーサイトが整備されている。区画サイトのうち、6区画のみペットを同伴できる(1匹無料、2匹目より2,200円)。オートキャンプ場にはAC電源は設置されていないのでご注意を。ケビンにはエアコン、風呂、水洗トイレ完備で、食器、調理器具、寝具一式が完備。各棟にバーベキューサイトが完備されている。

場内には他にも、砂金採り体験のできる地底博物館や、道の駅もある。道の駅で地元産の野菜を購入できるので、バーベキューのメニューに加えてみるのもいいかも。

ケビンは洋室タイプと和室タイプ、合計12棟並ぶ(写真は和室タイプ)。生け垣で仕切られているので、プライベートは確保できる。

小さい子どもたちは、場内にあるアスレチック遊具で遊ぼう

道の駅が併設しているので、ここで購入した地元産の野菜などをバーベキューに追加してみてはいかが。

地底博物館には約800mの観光コースもある。実際に掘られた坑道を歩きながら、当時使われた機械、人形等を使って、採掘の歴史を再現している。

料金表

1泊料金

入場料 なし

宿泊施設

ケビン4月・5月GW
1棟4人(増員は2名迄)
(平日)12月～3月8,230円、4月～夏休み前・9月～11月10,280円、夏休み14,390円
(日祝日前)12月～3月10,280円、4月～夏休み前・9月～11月12,340円、夏休み14,390円
※詳しくはHPで要確認

テントサイト

(フリーコーナー・区画なし)
車1台につき1,030円
大人・大学生1人につき510円
小学生～高校生1人につき200円
小学生未満無料

オートサイト

(区画ありコーナー)
1区画につき1,540円
大人・大学生1人につき510円
小学生～高校生1人につき200円
小学生未満無料

日帰り料金

日帰りの利用はなし

レンタル料金

BBQ器具セット(台・網・着火材・火バサミ・木炭)1,540円、網520円、鉄板520円、ホットプレート620円、レジャーテーブルセット(イス6脚)1,100円

注意事項

直火	直火は不可。炊事棟があるので、調理はそちらを利用しよう
花火	手持ち花火はできるが、打ち上げ花火は不可
ゴミ	分別すれば生ゴミなども破棄できる

近場のスポット!

上津江フィッシングパーク

住所:日田市上津江町川原1656-92
TEL:0973-55-2003

クルマで約25分の場所に「上津江フィッシングパーク」がある。放流したヤマメやニジマスを釣るので、釣り初心者や子どもでも比較的簡単に釣りができる。釣った魚は調理もできる。

体験メニューあり

福岡県

油山 市民の森キャンプ場

あぶらやま しみんのもりきゃんぷじょう

管理棟

デイキャンプOK

宿泊棟

テントサイト
オートサイト

AC電源

水洗トイレ

シャワーなど
レンタル用品
フリーWi-Fi

予・問 TEL092-871-6969（現地・市民の森管理事務所）

現地住所 福岡市南区大字桧原855-4

受付開始 利用月の前月16日から電話で受付　※宿泊キャンプは6月1日より予約受付（予定）

定休日 なし　※宿泊キャンプ日程はホームページで要確認

開設期間情報 7 8 9　※日帰りは通年利用可能

宿泊	▶in 13:00〜 ◀out 翌10:00
日帰り	▶in 9:00〜 ◀out 16:00

管理人 通常9:00〜16:00常駐
※夏休み期間は24時間常駐

管理棟、炊事場、シャワー室、交歓広場、フィールドアスレチック、展望台、自然観察センターなど

シャワー＆ランドリー

キャンプ場内に専用の温水シャワー室あり（4分間100円 ※冷水シャワーは無料（宿泊キャンプ期間中）

宿泊棟数・サイト数

宿泊施設
バンガロー大1棟
バンガロー小14棟

テントサイト
テントサイト12張

オートサイト なし

その他 なし

アクセス

福岡都市高速・堤ランプを下車後、油山観光道路を油山方面に約15分

Pick Up!!

キャンプ場エリア内に流れる沢で遊んでみよう。どの場所も浅瀬なので安心。森や沢にいる虫を探してみたり、この他にも、管理事務所そばにアスレチックも備わっているので、1日中楽しめる。

市内中心部からあっという間。日帰り利用も人気

福岡市中心部からでも車で40分程度。バーベキューやキャンプの楽しさを気軽に満喫できるのが「油山市民の森キャンプ場」だ。市内寄りの便利な場所にあるとはいえ、入場ゲートを一歩くぐればそこは豊かな緑に囲まれた別世界。湧き水を湛えた滝や吊り橋など、ワクワクとした冒険心を掻き立てるスポットが各地に点在している。本格的なアスレチック遊具は子どもたちに好評。また、ナイフワーク講座や森ヨガ、ノルディックウォーキングなど、環境を活かした体験イベントも行われているので、ホームページでチェックしよう。

宿泊施設はバンガロー大が1棟、小が14棟備わり、テントサイトは12カ所整備。屋根付き炊事場も複数箇所に設けられるなど、利便性は抜群。場内には「油山グランピング」も併設。運営は油山市民の森キャンプ場とは別で、毎年キャンプの仕様が変わるので、詳細はホームページで確認を。

家族やソロでのんびり利用できる。週末の予約は早めにしよう。

シャワー室も完備。温水は4分間100円。宿泊キャンプ期間中、冷水シャワーは無料。

施設内に設置されている自然観察センター。展示室や資料室など、楽しみながら油山に息づく自然についての知識を学ぶことができる。入場無料。月曜日休館(休日の場合は翌平日)。

受付は管理事務所で。分からないことなどは、ここで尋ねよう。

料金表

入場料 なし

駐車場(1日)
(普通車)300円
(中型車)1,000円
(大型車)2,000円

1泊料金

宿泊施設
バンガロー大8,000円
バンガロー小5,000円

テントサイト
テントサイトは要問合わせ

日帰り料金

入場料 なし

休憩施設(要相談)
バンガロー大2,000円
バンガロー小1,500円

テントサイト
日帰り利用はなし

オートサイト
なし

注意事項

直火	直火は不可
花火	花火の種類に関係無く、全て不可
ゴミ	炭や薪の燃えかす以外は、全て持ち帰り。受付時にスタッフより説明あり

近場のスポット!

もーもーらんど 油山牧場

住所:福岡市南区大字柏原字西山田710-2
TEL:092-865-7020(管理事務所)

市民の森に隣接したレジャー施設、「もーもーらんど油山牧場」。ここでは搾乳体験や乗馬体験、羊とのふれあいの他、牧場の牛乳を使ったソフトクリームを味わうことができる。

体験メニューあり

よしのがりれきしこうえん

佐賀県 吉野ヶ里歴史公園

管理棟 デイキャンプOK 宿泊棟 テントサイト オートサイト AC電源 水洗トイレ シャワーなど レンタル用品 フリーWi-Fi

予・問 TEL0952-55-9333(現地)

現地住所 神埼郡吉野ヶ里町田手1843

受付開始 予約は不可　※受付時間は14:00まで

定休日 12月31日、1月の第3月曜日とその翌日

開設期間情報 ①②③④⑤⑥⑦⑧⑨⑩⑪⑫

宿泊	宿泊の利用はなし
日帰り	▶in 9:00～ ◀out 17:00 (6月～8月) ▶in 9:00～ ◀out 18:00

INFORMATION

管理人 通常9:00～17:00常駐
(6月～8月)9:00～18:00常駐

入口ゾーン(歴史公園センター、ガイダンスルーム、ミニシアター、レストラン、売店など)、環壕集落ゾーン(南内郭、展示室、倉と市、北内郭、中のムラ、南のムラなど)、古代の原ゾーン(西口サービスセンター、弥生の大野、遊びの原、グラウンド・ゴルフ、ディスクゴルフ、野外炊事コーナー)、古代の森ゾーンなど

シャワー＆ランドリー

公園内にシャワーや風呂はなし。炊事コーナー近くのトイレに、手洗い場と足洗い場はあり

宿泊棟数・サイト数

宿泊施設 なし

テントサイト
野外炊事コーナーは、特に区画を設けていないので、譲りあって利用しよう

オートサイト なし

その他 なし

アクセス

九州自動車道・東脊振I.Cから、国道385号線経由で約5分

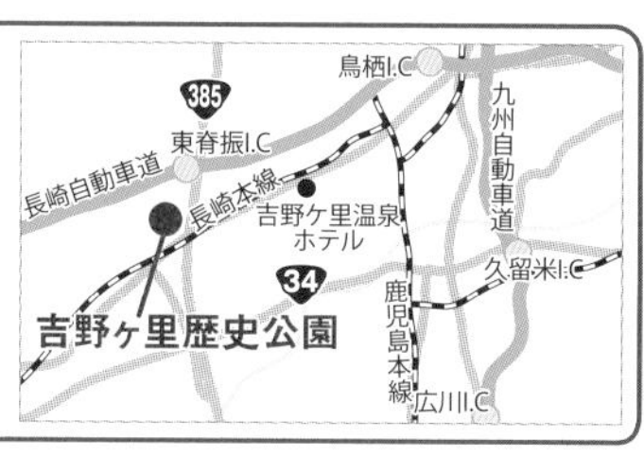

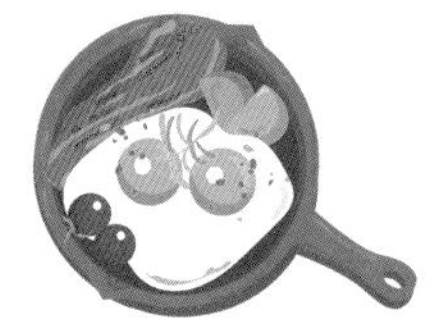

Pick Up!!

体験プログラムが豊富!土日限定や事前申し込みプログラムなどを含めると、全部で15種類。毎日開催されているのが、勾玉づくり。指導員がついているので安心。体験内容は問い合わせを。

無料で炊事コーナーの利用ができる、体験型公園!

弥生時代の環壕集落「吉野ヶ里遺跡」。紀元3世紀頃、吉野ヶ里が最も栄えた頃の様子を復元させたのが、佐賀県の「吉野ヶ里歴史公園」だ。バーベキューができるのは、西口の駐車場から入ってすぐの位置にある「野外炊事コーナー」。ここは宿泊はできず、日帰りのみの利用。駐車場代と入園料はかかるが、サイト料は無料なので、シーズン中には沢山の家族連れで賑わう。予約はできず、現地で14時までの受付が必要。サイトは区画を設けていないため、譲りあって仲良くバーベキューを楽しもう。食材やタープなどは、要予約※で用意することも可能。気軽に利用してみては。

近くには遊具を備えた遊びの原があり、遊具でたくさん遊べたり、東口ゾーンでは、勾玉づくり体験などが行われており、家族みんなで熱中している姿が見られる。

遊びの原には、10種類の遊具があり、多くの親子連れで賑わっている。

野外炊事コーナーは特に屋根を設けていないので、木陰を利用したり、タープなどを設置するのがオススメ。

復元された古代の水田。初夏から秋にかけ、古代に栽培されていたと言われる赤米などを栽培している。

南内郭には、物見やぐら4棟、竪穴住居11棟、集会の館や煮炊き屋など、合計20棟を復元・展示している。

料金表

1泊料金

宿泊の利用はなし

日帰り料金

入園料
大人(15才以上)460円
シルバー(65才以上)200円
中学生以下無料

駐車場
大型車1,050円
普通車310円
二輪車100円

宿泊施設/オートサイト
なし

その他
野外炊事コーナー　無料

レンタル料金

「手ぶらでBBQ」(6名から受付)料金等はホットフィールズにお尋ねください。
バーベキューの予約で、テーブルやイス、タープの貸し出し(有料)もあり!
※予約 ホットフィールズ
TEL:092-741-7700

自然いっぱいの公園だから、虫の観察などを楽しむ子どもも多い。

注意事項

直火	直火は不可。足つきコンロの利用を。野外炊事コーナー以外は火気厳禁
花火	花火は不可
ゴミ	ゴミは各自で持ち帰ろう。使用済み炭は、消し炭置き場に捨てることができる

近場のスポット!

吉野ケ里温泉ホテル 卑弥呼乃湯

住所:三養基郡上峰町大字坊所1523-1
TEL:0120-135-873(宴会・入浴専門)

クルマで約10分の場所に吉野ケ里温泉ホテルがある。立ち寄りもできる「卑弥呼乃湯」は15の湯を楽しめる。家族湯もあるので、バーベキューの帰りに汗を流してみては。

うめきゃんぷむら・そらのほとり

大分県 うめキャンプ村・そらのほとり

体験メニューあり

管理棟

デイキャンプOK

宿泊棟

テントサイト

オートサイト

AC電源

水洗トイレ

シャワーなど

レンタル用品
フリーWi-Fi

予・問 「うめキャンプ村・そらのほとり」のホームページ・オンライン予約サイトから (受付専用番号)TEL0972-54-3088

現地住所 佐伯市宇目大字南田原2513-3

受付開始 予約サイトで利用の60日前から随時受付 soranohotori.com

定休日 なし

開設期間情報 1 2 3 4 5 6 7 8 9 10 11 12

宿泊	(キャンプサイト) ▶in 14:00〜 ◀out 翌11:00 (ケビン) ▶in 15:00〜 ◀out 翌10:00
日帰り	(フリーサイト) ▶in 10:00〜 ◀out 17:00

管理人 通常9：00〜17：00 常駐

センターハウス、芝生広場、ファイヤーサークル、炊事棟、シャワー棟、オートサイト、ケビン、ログケビン、フリーサイト、道の駅宇目など

シャワー＆ランドリー

ケビン、ログケビンには風呂完備。キャンパー専用の温水シャワーあり(3分・100円)

宿泊棟数・サイト数

宿泊施設
ケビン(4人用)15棟
※うち4棟はペット同伴専用
(2人用)2棟
ログケビン(30人まで)1棟

テントサイト
フリーサイト30サイト
ソロキャンプサイト5サイト
(期間限定プラン)

オートサイト
オートサイト30サイト(AC電源完備)
※うちペット同伴専用は7サイト

その他 なし

アクセス

東九州自動車道・大分米良I.Cから、約60分。北川I.Cからは、約30分

Pick Up!!

登山家・戸髙雅史＆野外学校「Feel Our Soul」による、自然体験ツアーを開催している。スタッフの指導の元、安全に自然のダイナミックさを満喫しよう! 詳細はHPを要チェック!

「人」と「自然」のつながりの実感を味わおう!

「うめキャンプ村」は、祖母傾山系の静かな山の中にある、ダムのほとりのキャンプ場として、長年親しまれてきた。2020年4月から、地元宇目出身の登山家・戸髙雅史氏が代表を務める野外学校が運営を始め、「そらのほとり」としてリニューアルした。

場内にはオートサイトとフリーサイトがあり、ペット同伴も可能。コールマン社協力による企画イベントの開催や、レンタル用品も充実しているので、キャンプ初心者でも安心して参加できる。他にも、炊事棟にあるピザ窯を利用できるプランや、沢遊びやショートトレックなど、ガイドによるツアーや地域の自然を感じることができるイベントを実施。野外図書館が現れることもあるのでお楽しみに。

敷地内には道の駅もあり、直売所では朝採れ野菜やジビエなどの特産品を販売。キャンプ飯には、是非地元グルメを味わってほしい。

オートサイトは、BBQ台、流し台、駐車1台スペースがあり、AC電源の使用も可(オプション)。キャンピングカーの乗り入れもOK。

ケビンは17棟あり、すべて異なるデザイン。デッキからの展望を楽しめる棟など様々。各棟ごとに、BBQ台と駐車場が備わっている。

場内には石窯があり、ピザ焼体験(要予約)もできる。隣接する直売所で地元食材を購入し、オリジナルピザを作ってみてはいかが?

リードを付けていれば、ペットも一緒に過ごすことができる。ペット同伴で宿泊できるケビン、テント・オートサイトもある。

週末タイミングにより、キャンプファイヤーを開催。その他、青空図書館の出現あり。夕暮れショートトレックなどのミニツアー開催も。詳しくはHPで案内。

料金表

1泊料金

入場料 300円(利用料に含む)

宿泊施設
ケビン
定員4人・基本料14,000円〜
ペット連れの場合
定員4人・基本料17,500円〜
ログケビン
定員15人基本料50,000円〜

テントサイト
フリーサイト
定員5人基本料4,800円〜
ペット連れの場合プラス500円

オートサイト
定員5人基本料4,800円〜
ペット連れの場合プラス500円

金土・祝前日・夏休みプラス1,000円
ハイシーズンプラス2,000円
※週末・ハイシーズン料金は、全てのサイトに適応。詳しくはHPを参照

日帰り料金

テントサイト
デイキャンプ(フリーサイト使用)
10:00〜17:00の間
料金3,000円
※休日、ハイシーズン料金あり
ピクニック(フリーサイト使用)
3時間2,000円
1時間以内の入場料1人300円

レンタル料金

テント1張5,000円〜、寝袋1,500円、焚火台1,500円、ピザ道具セット3,000円、ツーバーナー1,500円ほか、手ぶらキャンプも可

注意事項

直火	直火は不可。炊事棟があるので、調理はそちらを利用しよう
花火	手持ち花火はできるが、打ち上げ花火は不可。
ゴミ	基本的に持ち帰り。持ち帰れない場合は有料(ケビン・オート1,000円、ログケビン3,000円)。生ゴミはコンポストがあり、無料で処理してもらえる

近場のスポット!

道の駅 宇目

住所:佐伯市宇目大字南田原2513-5
TEL:0972-54-3090

キャンプ場隣りには「道の駅 宇目」がある。地元の野菜・果物の販売、レストランを併設。ダム湖畔には遊歩道があり、散策することができる。周囲を見渡せる展望台もオススメ。

体験メニューあり

ゆめたちばなびれっじきゃんぷじょう

福岡県

夢たちばなビレッジキャンプ場

管理棟

デイキャンプOK

宿泊棟

テントサイト

オートサイト

AC電源

水洗トイレ

シャワーなど

レンタル用品

フリーWi-Fi
※管理棟周囲のみ

予・問 TEL0943-35-0022（現地・問合わせ／平日 9:00〜16:30）

現地住所 八女市立花町白木3720

受付開始 随時受付

定休日 火曜日　※祝日の場合翌日 ※GW、夏休み期間中は除く

開設期間情報  1 2 3 4 5 6 7 8 9 10 11 12

宿泊	（バンガロー／管理棟宿泊室） ▶in 14:00〜 ◀out翌10:00 （オートサイト） ▶in 12:00〜 ◀out翌11:00
日帰り	▶in 9:00〜 ◀out 16:30

管理人 通常24時間常駐

受付事務所、宿泊室、多目的コーナー、管理棟前広場など

シャワー＆ランドリー

管理棟に入浴場あり（入浴場開放時間17:00〜22:00）。管理棟2階男性用トイレに洗濯機あり。女性用トイレ内には乾燥機付きもあり

宿泊棟数・サイト数

宿泊施設
バンガロー（6人用）6棟

テントサイト　なし

オートサイト
オートサイト（6人まで）
12区画（AC電源完備）

その他
管理棟宿泊室
（洋和室6人用）4部屋
（和室6人用）1部屋

研修室（14畳10人以上）2間

アクセス

九州自動車道・八女I.Cから、国道442号線、県道4号線を南に向かい、約20分

Pick Up!!

要予約で、石窯ピザ焼き体験ができる。所要時間は、発酵時間を含む1時間半ほど。Mサイズの大きさで4枚分ほど焼けるので、子どもと一緒にチャレンジしてみては(チーズや具材、ソースは持参)。

山あいの「自然体感空間」を楽しもう

キウイフルーツの名産地として知られる立花町にある「夢たちはなビレッジキャンプ場」。ここは、春は筍掘り、初夏はホタルの鑑賞、夏は川遊び、秋から初冬には、もみじをはじめとする紅葉を楽しめる。年間を通して自然体験ができる施設だ。

場内は、オートキャンプエリア、管理棟や広場があるエリア、バンガローエリアに区分。管理棟内はもちろんオートキャンプ、バンガロー、それぞれのエリアに、屋根付き炊事場が設置されている。また他にも、管理等宿泊室や、10人以上の場合は研修室にも宿泊ができる。

ダッジオーブンを使ったパン作り＆石窯で焼くピザ作り体験、鮎のつかみ取り(日時指定あり)、場内を流れる大百合野川で川遊びや沢ガニ取りと、色んな遊びにチャレンシできる。自然とふれあい自然の豊かさや優しさを体感できる施設と言えるだろう。

売店には調味料やカップ麺、洗剤、紙皿などを販売しているので、忘れたり切らしても安心。

まだ川遊びができない小さい子は、すべり台などの遊具で遊ぼう！

管理棟前の小プールでは、鮎のつかみ取りをすることも。子どもたちは大はしゃぎ！

オートキャンプエリア側を流れる大百合野川で、川遊びを楽しもう。吊り橋を渡ったり、楽しみ方がいっぱい！

料金表

1泊料金

宿泊施設
バンガロー(6人用)8,000円

テントサイト なし

オートサイト
オートサイト1区画(1台)5,500円

その他
管理棟宿泊室(和・洋)12,000円
研修室(10人以上より)
中学生以上1500円
小学生1,000円
未就学児500円
※宿泊税の導入に伴い、バンガロー、管理棟宿泊室、研修室の利用は、1人200円別途必要

日帰り料金

入場料
大人300円、子ども200円

宿泊施設
日帰りの利用はなし

オートサイト
オートサイト1区画(1台)2,000円

レンタル料金

テント(4人用)2,000円、タープ,1,000円、バーベキューコンロ(焼き網・トング・灰スコップ付)2,000円、毛布200円、鍋200円、ザル・ボール・包丁・まな板・しゃもじ各100円など

注意事項

直火	芝生・板床での直火は不可。炊事棟を利用しよう
花火	手持ち花火はでできるが、打ち上げ花火は不可
ゴミ	ゴミは持ち帰るか、施設のゴミ袋(1枚300円)購入し、所定の場所へ

近場のスポット！

道の駅 たちばな

住所:八女市立花町下辺春315-1
TEL:0943-37-1711

クルマで約20分の場所に「道の駅たちばな」。梅の産地なだけに、梅を使った加工品が人気。ちょっと遠回りして、ここで野菜などを購入してキャンプに出かけるのもいいかも。

鹿児島県

かごしまけんりつ おおすみこういきこうえんおーときゃんぷじょう

鹿児島県立 大隅広域公園オートキャンプ場

管理棟　デイキャンプOK　宿泊棟　テントサイト　オートサイト　AC電源　水洗トイレ　シャワーなど　レンタル用品　フリーWi-Fi

宿泊	▶in14:00〜 (バンガロー) ◀out 翌10:00 (オートキャンプ/フリーテントサイト) ◀out 翌11:00
日帰り	▶in10:00〜 ◀out14:00

広域の名はダテじゃない!とことん遊ぼう!

吾平町と肝付町、2町にわたって広がる「大隅広域公園」。園内のオートキャンプ場では、キャンピングカーにも対応できるサイトをはじめ、一般的なサイズのオートサイト、ログハウス型バンガロー、テント用フリーサイトまで、あらゆる形態のキャンプが楽しめる施設だ。

ちびっ子向けの遊具広場もあり、屋根付きのサテライトハウスには、洗濯機&乾燥機にシャワー室が揃う。

『広域公園』という名前の通り、花の広場や噴水広場、冒険の谷、ゴーカート場にスポーツふれあい広場と、1日だけでは遊びきれないほど、広〜い施設だ。

宿泊棟数・サイト数

宿泊施設	バンガロー(5〜6人用)6棟
テントサイト	12区画
オートサイト	普通車20区画(AC電源完備) 大型車3区画(AC電源完備)
その他	なし

予・問　TEL0994-34-4567(現地)　または、ホームページ・予約サイトもあり

現地住所　鹿屋市吾平町上名5651

受付開始　利用の2ヵ月前の1日から受付

定休日　12月29日〜12月31日

開設期間情報　①②③④⑤⑥⑦⑧⑨⑩⑪⑫

場内には遊具広場もあり。地面は芝生なので、子どもたちも思いっきり走ることができる。

バンガローの正面には常設のテーブルとベンチあり。天気の良い日はここで食事もできる。

大隅広域公園では、様々なイベントを開催している。秋には「キャンプ場祭」が開催される。写真は、竹にパン生地を巻きつけて焼く「ねじねじパン作り体験」。

料金表

1泊料金

入場料 なし

宿泊施設
バンガロー(5〜6人用)9,710円
※6月及び9月〜翌3月は
3割引7,760円

テントサイト
(1区画)1,160円
※6月及び9月〜翌3月は
3割引930円

オートサイト
(1区画)4,040円
※6月及び9月〜翌3月は
3割引3,240円

※使用料前納制なので、支払い方法などは電話で要問合せを

日帰り料金

1泊利用料金と同じ

レンタル料金

バーベキューコンロ有料(10台まで)、バンガロー用(鍋、フライパン、包丁、まな板、フライ返し、お玉)無料

注意事項

直火	直火は禁止。炊事棟があるので、調理はそちらを利用しよう
花火	花火は禁止
ゴミ	ゴミは各自で持ち帰ろう

管理人 宿泊者がいる場合のみ常駐
※常駐時間については問合わせを(17:00〜翌8:30は警備員)

センターハウス、サテライトハウス、大地のふれあい広場、遊具広場、ファイヤーサークル、ピクニック広場、花の広場、噴水広場など

シャワー&ランドリー
バンガロー6棟ともシャワー付きお風呂あり。その他、サテライトハウスにシャワー室及び無料洗濯機・乾燥機あり

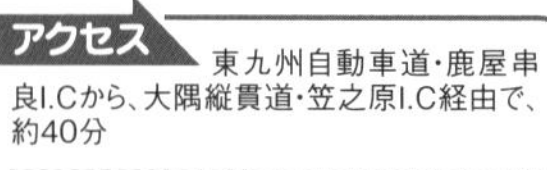

アクセス 東九州自動車道・鹿屋串良I.Cから、大隅縦貫道・笠之原I.C経由で、約40分

遊び場がイッパイのキャンプ場

「体を使って遊びたい」ファミリーにオススメ！
愛用の遊び道具やボールを持参して、体を動かそう

　最近はキャンプ場の敷地内や隣接する広場に、大型遊具や草スキー場などを併設している施設が増えています。

　草スキー場併設の場合、多くのキャンプ場がソリの貸し出しを行っていますが、数に限りがあるので、連休中などは順番を待たないといけない場合も。お子さん愛用のソリを持っていくか、段ボールの箱をつぶしたものを2、3枚持って行くと、楽しく滑れますよ。使い終わった段ボールは、バーベキューの時に燃やせば荷物も減らせます。

　なお、小さなお子さんを遊具や水遊びプールで遊ばせる場合は、目を離さないよう注意することも大切。浅い場所での水の事故や、それほど高くない場所からの転落事故が、意外に多いのです。

遊び場イッパイ

おおいたのうぎょうぶんかこうえん

大分県 大分農業文化公園

管理棟

デイキャンプOK

宿泊棟

テントサイト

オートサイト

AC電源

水洗トイレ

シャワーなど

レンタル用品

フリーWi-Fi

予・問 TEL0977-28-7112（オートキャンプ場・コテージ専用ダイヤル）または、ホームページ・予約サイトでも受付可能

現地住所 杵築市山香町大字日指1-1

受付開始 利用の2カ月前の1日から電話か予約サイトで受付

定休日 火曜日　※祝日・GW及び夏休み期間中は無休

開設期間情報 1 2 3 4 5 6 7 8 9 10 11 12 ※12月～2月は閉鎖
※フリーサイトの利用は、3月～11月の木・金・土・日のみ

宿泊	(オートキャンプ場 / 区画サイト) ▶in 13:00～ ◀out 翌10:00 (オートキャンプ場 / フリーサイト) ▶in 14:00～ ◀out 翌11:00 (コテージ) ▶in 15:00～ ◀out 翌10:00
日帰り	(オートキャンプ場) ▶in 11:00～ ◀out 16:00

※公園休園日(火曜日)とその前日は利用不可。
ただし、祝日・GW・夏休み・特別開園日は除く

管理人　通常24時間常駐

【オートキャンプ場】管理棟、区画サイト、フリーサイト、コテージ棟、炊事棟、シャワー・ランドリー棟など
【その他】レイクサイドキャッスル、体験農園、フラワーガーデン、果樹園など

シャワー＆ランドリー

コインシャワー・コインランドリーの使用は7時～22時まで。コテージにはバス・トイレ完備

宿泊棟数・サイト数

宿泊施設
コテージ 単棟
(4人用・追加2人まで)5棟
コテージ 連棟
(4人用・追加2人まで)3室

オートサイト
区画サイト(8人まで)30区画
フリーサイト(5人まで)

その他 なし

アクセス

東九州自動車道・大分農業文化公園I.Cから、下りてすぐ。オートキャンプ場の入場は県道627号線沿いの東ゲート側へ

Pick Up!!

キャンプ場の近くには、お城をモチーフにした遊具「レイクサイドキャッスル」がある。5種類のすべり台があり、最長は35mもの長さ。順番を守って、周りの子どもたちと仲良く遊ぼう。

農業のことを楽しみながら学べる複合施設

自然と農業をテーマした複合施設「大分農業文化公園」。大分農業文化公園I.Cを下りるとすぐ目の前にあり、入り口は正面ゲートと東ゲートの2カ所。キャンプ場へは東ゲート側から入場しよう。

オートキャンプ場は、オートサイト30区画とフリーサイトで構成されており、場内には炊事棟が2棟、管理棟の隣りにはコインランドリーとシャワー棟がある。宿泊施設は、いずれも2階建てのコテージで、単棟が5棟と連棟（3室）の2タイプ。寝具や調理道具が充実しているので、食材や調味料などを持ち込むだけで、快適にキャンプを楽しめる。

公園内は遊び場や見どころも充実しており、是非見てほしいのが「フラワーガーデン」。2018年にリニューアルし、春にはネモフィラ、秋にはコキアが一面に咲き、訪れる人の目を楽しませてくれる。タイミングによっては果樹園で収穫体験もできるので、問い合わせてみよう。

オートキャンプ場は1区画ごとに生け垣で仕切られている。炊事棟は、場内に2カ所ある。

こちらは左ページに写るコテージ（単棟）の内観。戸建てなので、小さい子どもがいても周りに気兼ねなく使えるのが嬉しい。

正面ゲート側にある「フラワーガーデン」では、季節の花が出迎えてくれる。春はネモフィラの青、秋には丸っこい姿がかわいいコキアで、一面真っ赤に！

自由にテントを張れるフリーサイト。車は1台のみ駐車するスペースがある。

料金表

1泊料金

入場料 なし

宿泊施設
コテージ
1泊1棟（1室）4人、追加2人まで
※0歳も1人でカウント
※4歳から料金対象
（平日）10,500円
追加2人まで2,100円/1人
（土・祝前日・夏休み期間・GW）
14,700円
追加2人まで2,650円/1人

オートキャンプ場
区画サイト
（1区画8人・車1台）4,200円
フリーサイト
（1張5人・車1台）3,000円

日帰り料金

宿泊施設
日帰りの利用はなし

オートキャンプ場
区画サイト
（1区画8人・車1台）1,900円
フリーサイト
日帰りの利用はなし

レンタル料金

※現在、レンタルは全て休止中。予約時に、施設に要問合わせ。

注意事項

直火	直火は不可。スタンド式のBBQ器具の持ち込み可能。または炊事棟を利用しよう
花火	手持ち花火のみ可能。チェックイン時に、花火ができる場所の確認をしておこう
ゴミ	ゴミはすべて持ち帰ろう

近場のスポット！

アフリカンサファリ

住所：宇佐市安心院町南畑2-1755-1
TEL：0978-48-2331

ここからクルマで約20分の場所に、野生の動物を間近に眺められる「アフリカンサファリ」がある。サファリバスに乗って、自然の姿の猛獣たちを見物できる。

かいもんさんろくふれあいこうえんきゃんぷじょう

鹿児島県

かいもん山麓ふれあい公園キャンプ場

管理棟 デイキャンプOK 宿泊棟 テントサイト オートサイト AC電源 水洗トイレ シャワーなど レンタル用品 フリーWi-Fi
※管理棟周囲のみ

予・問 TEL0993-32-5566(現地)

現地住所 指宿市開聞十町2626

受付開始 利用の3カ月前から電話で受付

定休日 火曜日　※祝日の場合翌日 ※夏休み期間、年末年始、GWを除く

開設期間情報 ①②③④⑤⑥⑦⑧⑨⑩⑪⑫

宿泊	(ログハウス) ▶in 16:00～ ◀out翌10:00 (オートキャンプ場) ▶in 13:00～ ◀out 翌11:00
日帰り	(ログハウス) ▶in 10:00～ ◀out16:00 (オートキャンプ場) ▶in 11:00～ ◀out21:00

管理人 通常8:30～21:00常駐
※夜間は警備員常駐

管理棟、サニタリー棟、炊事棟、温水シャワー、売店、遊具、そばの館 皆楽来、ミニゴルフ場、ゴーカート、親水池(プール)、多目的広場など

シャワー＆ランドリー

ログハウスと公園内に温水シャワー完備(10分・200円)。中央管理棟の隣り及びオートキャンプ場にコインランドリーあり。洗濯機1回300円、乾燥機1回100円

宿泊棟数・サイト数

宿泊施設
ログハウス(4人～22人用)
全12棟

テントサイト
フリーサイト約100サイト

オートサイト
区画サイト53区画
(AC電源完備)
オープンサイト約20台分
(共同炊事棟)

その他 なし

アクセス

指宿有料道路・頴娃I.Cから、指宿スカイライン経由で、約40分

Pick Up!!

フリーキャンプ場脇にはアスレチック遊具で、子どもたちはここで思いっきり遊ぶことができる。またゴーカート場もあるので、大人も一緒に楽しめそう。

開聞岳の麓で、キャンプや登山、大地と遊ぼう!

"薩摩富士"とも呼ばれる標高924mの「開聞岳」。その麓に広がる「かいもん山麓ふれあい公園」。薩摩半島の最南端にあり、温暖な気候と自然に恵まれたロケーションが人気の大型公園。公園内にはキャンプ場も併設されており、特に夏休み期間中は、登山客やキャンパーたちで賑わう。

オートキャンプ場の区画サイトは、全面芝生で全てAC電源と水道が完備。園内には最長で84ヤードの本格的なミニゴルフや、開聞岳の標高と同じ全長924mの距離を走るゴーカート、夏休み期間中は屋外プールも開設される。

また、そばの館「皆楽来(みらくる)」では、そば打ち体験ができ、打ったそばをその場で味わえるのが人気。隣接のコミュニティーセンター愉徒里館(ゆとりかん)では、カラオケや卓球、バドミントンなど、天気が悪い日も室内で楽しむことができる。

フリーキャンプ場は、水道、AC電源完備。芝の手入れもしっかりしているので、快適に過ごせると評判。

売店も兼ねた管理事務所。キャンプ受付や分からないことがあったらここを訪ねよう。

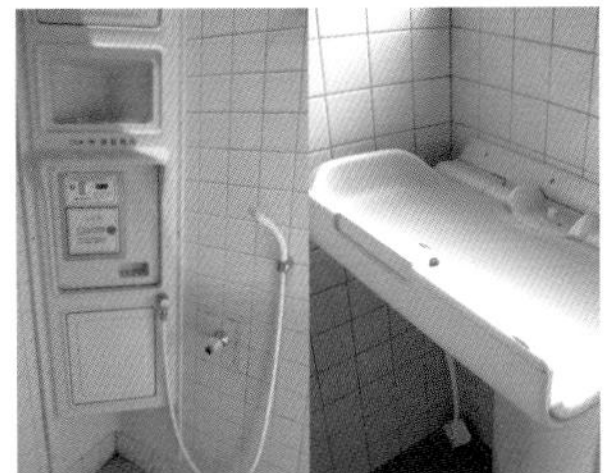

屋外設置のシャワー室・ベビーベッド台。屋外ながら清潔に保たれているので、気持ち良く使える。

夏休み期間中にオープンする、流水プールの「親水池」。全長30mのウォータースライダーを備えている。中学生以上410円、小学生以下(3才以上)200円、入場のみ(小学生以上)100円

料金表

※特別料金とは、土・日・祝日、年末年始、GW、夏休期間を除く日に適用される料金

1泊料金

入場料 なし

宿泊施設【特別料金】
ログハウス(4人棟)4,510円、(5人棟)5,640円、(6人棟)7,880円、(10人棟)12,390円、(22人棟)19,140円

テントサイト【特別料金】
宿泊テント1張につき930円

オートサイト【特別料金】
区画サイト・1区画2,610円
オープンサイト・テント1張または、車1台につき1,560円

日帰り料金

宿泊施設
ログハウス(4人棟)2,250円、(5人棟)2,820円、(6人棟)3,940円、(10人棟)6,190円、(22人棟)9,570円

テントサイト 日帰りの利用はなし

オートサイト
区画サイト・1区画2,080円
オープンサイト・テント1張または、車1台につき1,08350円

レンタル料金

包丁100円、まな板100円、炊飯器300円、飯ごう100円、フライパン100円、寝袋500円、網100円など

注意事項

直火	直火は不可。炊事棟があるので、調理はそちらを利用しよう
花火	手持ち花火はできるが、打ち上げ花火は不可
ゴミ	ゴミはきちんと分別しよう ※使用料金にごみ処分料も含む

近場のスポット!

フラワーパークかごしま

住所:指宿市山川岡児ヶ水1611
TEL:0993-35-3333

クルマで約13分の場所に「フラワーパークかごしま」がある。広大な敷地の花のテーマパーク。南アフリカやオーストラリアなどの亜熱帯植物を中心に植栽している。

みやこのじょうし かんのんいけこうえんおーときゃんぷじょう

宮崎県 都城市 観音池公園オートキャンプ場

管理棟 デイキャンプOK 宿泊棟 テントサイト オートサイト AC電源 水洗トイレ シャワーなど レンタル用品 フリーWi-Fi

予・問 TEL0986-58-6139(現地・観音池公園総合案内所) または、ホームページ・予約サイトでも受付可能

現地住所 都城市高城町石山4195

受付開始 利用の3ヵ月前から電話か予約サイトで受付

定休日 なし

開設期間情報  ①②③④⑤⑥⑦⑧⑨⑩⑪⑫

宿泊	(オートキャンプ場) ▶ in 13:00〜 ◀out 翌11:00 (バンガロー) ▶ in 15:00〜 ◀out 翌10:00
日帰り	▶ in 9:00〜 ◀out 17:00

管理人 通常24時間常駐
(総合案内所)8:30〜17:00 (温泉内)22:00〜8:00 (警備員)17:00〜8:00

管理棟、炊事棟、バーベキュー棟、観音さくらの里温泉、いきいきふれあいランド、観音池公園遊具施設、屋外プール(夏季営業)など

シャワー＆ランドリー

バンガローは全てシャワー完備。オートキャンプ場そばに温泉あり(7:00〜21:00、毎週水曜定休、1回:大人420円、小学生210円)

アクセス

宮崎自動車道・都城I.Cから、国道10号線経由で、約15分

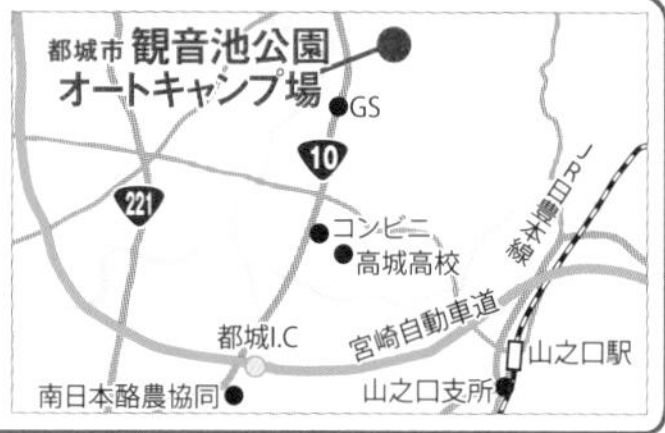

宿泊棟数・サイト数

宿泊施設
バンガロー
6人用〜15人用まで全13棟

テントサイト
フリーテントサイト15張
(AC電源なし)

オートサイト
一般区画(AC電源完備)
Aサイト(低床)6サイト
Bサイト(高床)12サイト
Cサイト(芝生)6サイト
キャンピングカー区画
3区画(AC電源完備)

その他 なし

Pick Up!!

観音池では、ボート遊びも楽しめる。春先には、池を囲むように5,000本の桜が咲き、花見の場所としても人気。
●白鳥3人乗り(20分)630円〜
●観覧車1人1回210円

アウトドアも温泉も、遊園地気分も味わおう!

63haもの広大な観音池公園内にある「観音池公園オートキャンプ場」。公園は整備が行き届いており、小さな子どもがいるファミリーや、キャンプ初心者でも安心して利用できるキャンプ場だ。

オートキャンプ場は区画サイトとフリーサイトから選べ、区画サイトにはAC電源が完備。バンガローは全部で13棟。6人用、10人用、15人用が揃い、ファミリーからグループまでの大人数でも対応可能。

公園内にはキャンプ場のほかにも、観覧車や貸しボート、ゴーカートやリフト、ロングスライダーや草ソリなどがあり、子どもたちが楽しめる遊具が豊富に揃っている。

思いっきり遊んだ後は、キャンプ場そばにある温泉施設「観音さくらの里」でさっぱりリフレッシュしよう。温泉館内の売店では、地場産の野菜や肉などの食材、アルコール類も販売している。

日帰りバーベキューの時は、バーベキュー棟を活用するのも便利。屋根付き、ビニールカーテン付きで、風雨をよけることができる。総合案内所で、マキや木炭の販売(各310円)もあり。

バンガローの10人〜15人用は、広さのある一戸建て。ベランダからの眺めもバツグン!

オートキャンプ場から道路を渡った所にあるのが「いきいきふれあいランド」。草スキーや草ソリなどを楽しもう(土・日・祝日のみ営業)。

徒歩圏内に温泉施設「観音さくらの里」も。オートキャンプ場利用の際、お風呂はここで!

料金表

1泊料金

入場料 なし
宿泊施設
バンガロー
(6人用)10,480円
(10人用)15,710円
(15人用)23,570円
テントサイト
フリーテント1張1,050円
オートサイト
一般区画(A/B/C)3,140円
キャンピングカー区画4,190円
バーベキュー棟
1卓520円(キャンプ場利用者)

日帰り料金

入場料 なし
宿泊施設
日帰りの利用はなし
テントサイト
フリーテント1張520円
オートサイト
一般区画(A/B/C)1,570円
キャンピングカー区画2,100円
バーベキュー棟
1卓1,050円(キャンプ場利用外)

レンタル料金

バーベキュー3点セット310円、焼き肉用鉄板・カセットコンロ310円、飯ごう210円、テーブルセット420円など

注意事項

直火	直火は不可。炊事棟があるので、調理はそちらを利用しよう
花火	手持ち花火はできるが、打ち上げ花火や爆竹などは不可
ゴミ	ゴミは各自で持ち帰ろう

近場のスポット!

いきいきふれあいランド
開館日:土・日・祝日
営業時間:10:00〜17:00
※雨天時使用出来ない施設あり
※遊具ごとに受付終了時間あり

同じ公園内にある「いきいきふれあいランド」。丘の斜面を活かして、草スキーや草そり、スライダーができる。リフトで登る際には、霧島連山を望む眺めも楽しめる。

かぞくりょこうむら　あじむ

大分県 家族旅行村「安心院」

管理棟

デイキャンプOK

宿泊棟

テントサイト

オートサイト
※オートサイトをテントサイトとして使用可能

AC電源

水洗トイレ
シャワーなど

レンタル用品

フリーWi-Fi

予・問 「家族旅行村 安心院」のホームページ・オンライン予約サイトから、または（現地/8:30～17:30）TEL0978-44-1955

現地住所 宇佐市安心院町下毛1046　（オートキャンプ場）宇佐市安心院町下毛841

受付開始 予約サイトか電話で随時受付

定休日 なし

開設期間情報  1 2 3 4 5 6 7 8 9 10 11 12

宿泊	（トレーラーハウス / ログハウス / ケビン）▶ in 15:00～ ◀out 翌10:00 （オートキャンプ）▶ in 13:00～ ◀out 翌11:00
日帰り	（オートキャンプ）▶ in 9:00～ ◀out 17:00

キャンプ場、パークゴルフ、安心院温泉センター、テニスコート、安心の里交流研修センター、ワイナリーレストラン、ソニックパーク安心院など

管理人（管理センター） 通常8:30～17:30常駐

シャワー＆ランドリー

ログハウスにはバスルーム、トレーラーハウスにはシャワールーム完備。施設敷地内に「安心院温泉センター」があり、家族旅行村に宿泊の場合（ログハウス以外）は無料温泉券が付く。

宿泊棟数・サイト数

宿泊施設
トレーラーハウス（定員6人）4棟
ログハウス（定員6人）2棟
ケビン（定員8人）6棟
バンガロー（定員5人）1棟

テントサイト
オートサイトをテントサイトとして使用可能

オートサイト
オートキャンプ最大20組

その他
研修室A 1棟
研修室C
（森のトレーラーハウス）1棟

アクセス

東九州自動車道・安心院I.Cから、約5分

Pick Up!!

キャンプ場から車で3分ほどの場所に、「ソニックパーク安心院」がある。お子さんがモータースポーツに興味があるようなら、まずは気軽に見学に行ってみて!
●ソニックパーク安心院
TEL:0978-44-0322

広〜いオートキャンプ場で、のびのびアウトドアを満喫!

「家族旅行村 安心院」は、キャンプ場、温泉センター、テニスコート、観光ぶどう園やワイナリー、レーシングカート場が揃った複合施設。

キャンプは複数のエリアに分かれ、家族連れからグループ、団体まで宿泊できる。2020年には、パークゴルフ場そばにフリーのオートサイトがオープン。現在は20組限定で受付中のため、テントをゆったりと設営できるのが嬉しい。場内には、炊事棟が1棟あり、水道水は飲用も可能。トイレは洋式の水洗式に変わり、使いやすくなった。ゴミ集積所もあり、分別すれば廃棄することができる。また、ケビン、ログハウス、トレーラーハウスなどの宿泊施設には、家電や調理道具、食器、寝具などが備わっているので、持ち込む荷物が少なくてすみそう。

日中はパークゴルフやカートがオススメ。秋には観光ぶどう園で収穫体験も楽しめる。夜は温泉でリフレッシュできる充実の施設だ。

「安心院温泉センター」。たくさん遊んで汗をかいたら、ここでサッパリ！2階の休憩所からは、安心院の街並みを眺めることができる。営業時間は10時〜22時半

家族や仲間と日帰りでの利用も、もちろん可能。バーベキュー用のドラム缶、網、トングがセットで(3〜4人用800円、6〜8人用1,200円。別途、食材の予約も受け付けている。

室内にはキッチン、和室が備わり、テラスでバーベキューをすることもできる。シャワールームもあるが、「安心院温泉センター」の無料温泉券が人数分ついてくる。

料金表

1泊料金

入場料 なし

宿泊施設
トレーラーハウス(4人まで)
1棟14,500円(定員6人)
5人目から1人につき1,000円追加

ログハウス(4人まで)
1棟14,500円(定員6人)
5人目から1人につき1,000円追加

ケビン(8人まで)
1棟14,500円

オートサイト
オートキャンプ場
(持ち込みテント+車1台)
1,400円
※車2台目以降、1台につき500円
※宿泊は上記料金に加え、施設使用料1人210円が必要(宿泊施設・オートキャンプいずれも)

日帰り料金

オートサイト
オートキャンプ場
1時間360円(1グループ10人まで)
+施設使用料1人110円

レンタル料金

バーベキュー機材レンタル(3〜4人用)800円、(6〜8人用)1,200円、テーブル(120センチ幅)1台200円、椅子1脚100円
[販売]炭(3キロ)450円
バーベキュー食材セット※要予約(1人前)1,650円

注意事項

直火	直火は不可。炊事棟があるので、調理はそちらを利用しよう
花火	花火は不可
ゴミ	(オートキャンプ場)ゴミは廃棄可能なので、しっかり分別しよう

近場のスポット!

王さまのぶどう園
住所:宇佐市安心院町下毛1193-1
TEL:0978-44-0155
キャンプ場からクルマですぐの場所に、観光ぶどう園「王さまのぶどう園」がある。安心院はぶどうの産地で9月が旬。ここではぶどう狩りのほか、直売も行っているので、おみやげにいかが?

福岡県 サンビレッジ茜（さんびれっじあかね）

管理棟　デイキャンプOK　宿泊棟　テントサイト　オートサイト　AC電源　水洗トイレ　シャワーなど　レンタル用品　フリーWi-Fi

予・問 TEL0948-72-3331（現地）

現地住所 飯塚市山口845-38

受付開始 利用の2ヵ月前から電話で受付

定休日 月曜日　※祝日の場合翌平日

開設期間情報  1 2 3 4 5 6 7 8 9 10 11 12

宿泊	▶in 15:00〜 ◀out 翌10:00
日帰り	▶in 10:00〜 ◀out 15:00

管理人 通常24時間常駐

ガイドハウス、セントラルロッジ、浴室棟、バーベキューハウス、バーベキューサイト、炊事棟、スキーゲレンデ、スキーハウス、じゃぶじゃぶ池、アスレチック広場など

シャワー＆ランドリー

セントラルロッジ2号館横に浴室棟あり。セントラルロッジ、バンガロー宿泊者は無料で利用できる

宿泊棟数・サイト数

宿泊施設
バンガロー（4人用）10棟

テントサイト
テントサイト12区画

オートサイト なし

その他
セントラルロッジ1号館/2号館

アクセス

八木山バイパス・筑穂I.Cから、県道60号線を筑紫野市方面へ。県道90・65号線を経由し、現地へ

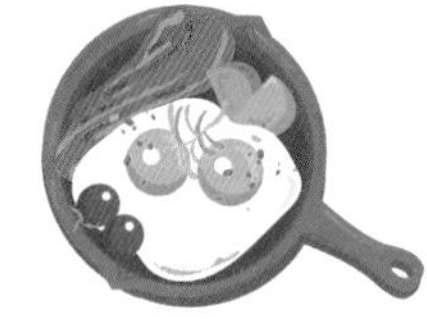

Pick Up!!

ゲレンデでは人工芝スキーにチャレンジできる。小さい子どもたちは、安心して遊ぶことができる「わんぱくゲレンデ」がオススメ!ソリ遊びなども楽しめる。

いっぱい身体を動かした後のバーベキューは格別!

全長280m、幅40mの本格的な人工芝スキーゲレンデを持つ「サンビレッジ茜」。ここは、スキー未経験の子どものために無料のスキー教室もあり、子どもからベテランまで楽しめる。

場内には様々な体験スポットがあり、キャンプ場もそのひとつ。テント専用サイトのほかにログハウス調のバンガロー、屋根付きのバーベキューハウスやサイトが揃う。大人数での宿泊の場合は、セントラルロッジがオススメ。

この施設はバーベキューの食材を施設が用意し(要予約)、火付けもしてくれるのでキャンプ初心者や小さい子ども連れの家族にピッタリ(飲み物は持ち込み可)と言える。受付横のスロープカーで下ると、遊具やじゃぶじゃぶ池、わんぱくゲレンデなど、子どもたちの遊び場が点在している。食材を切る手間が省ける分、パパやママも子どもたちと思いっきり遊ぼう。

炊事棟には大きな流し台がズラッと並んでいる。バーベキュー後の食器洗いにも便利だ。

屋根付きのバーベキューハウス。風よけもあるので、冬場も利用できる。

スキーゲレンデ方面へ向かうには、ガイドハウス横からスロープカーで移動。ゆっくり下るので、到着するまでのワクワク感が高まる。

場内にはゴミ置き場がある。受付時にゴミ袋があるので、きちんと分別しよう。

料金表

1泊料金

入場料 福岡県宿泊税1人200円

宿泊施設
バンガロー(4人用)5,240円

テントサイト
テントサイト1区画1,570円

その他
セントラルロッジ 1・2号館
(一般)大人2,310円、子ども1,150円
(市内在住)大人1,680円、子ども840円

日帰り料金

入場料 なし

宿泊施設
バンガロー(4人用)2,620円

テントサイト
テントサイト1区画790円

食事料金

食事は全て施設で用意(宿泊・日帰り)
バーベキューセット(バーベキューサイトの場所代・コンロ・網・炭付き)
Aセット1,580円・小人1,050円
Bセット2,100円、Cセット2,630円
※A~Cセットは1人前の価格
やきそばセット(4人用)1,690円
その他のメニューはHPを参照

レンタル料金

寝具(マット・シーツ・毛布・枕)1組630円、シーツ320円、包丁&まな板セット220円、鍋&おたまセット220円

注意事項

直火	直火は不可。炊事棟があるので、調理はそちらを利用しよう
花火	花火は不可
ゴミ	ゴミは受付時にもらったゴミ袋へ入れ、ゴミ置場へ。家庭からのゴミを持ち込まないように

近場のスポット!

太宰府天満宮

住所:太宰府市宰府4-7-1
TEL: 092-922-8225
県道65号線を経由し太宰府方面へ。30分程で「太宰府天満宮」に着く。学問の神と言われ、受験祈願で多くの人が訪れる。隣接し、「だざいふ遊園地」や「九州国立博物館」も。

遊び場イッパイ

くにのまつばらきゃんぷじょう

鹿児島県 くにの松原キャンプ場

管理棟 デイキャンプOK 宿泊棟 テントサイト オートサイト AC電源 水洗トイレ シャワーなど レンタル用品 フリーWi-Fi

予・問 「くにの松原キャンプ場」のホームページ・オンライン予約サイトから (現地・問合わせ)TEL099-476-3611

現地住所 曽於郡大崎町益丸226-1

受付開始 利用の3ヵ月前の1日から予約サイトで受付 https://www.gocamp.jp

定休日 なし

開設期間情報  1 2 3 4 5 6 7 8 9 10 11 12

宿泊	▶in 15:00～ ◀out 翌10:00
日帰り	(テントサイト / オートサイト) ▶in 10:00～ ◀out 15:00

INFORMATION

管理棟、炊事棟、遊具広場、展望遊具、トイレ、シャワー等、プール、ゴミステーション

管理人 通常24時間常駐 監視カメラシステム

シャワー&ランドリー

バンガロー内はユニットバスあり。テントやオートサイト利用の場合も、管理棟やツーリングサイトにコインシャワーあり

宿泊棟数・サイト数

宿泊施設

バンガロー(8人用)2棟
(6人用)4棟
(4人用)1棟

テントサイト・オートサイト

オートキャンプ区画サイト20サイト
(車1台分確保+電源500W Max)

フリーテントサイト30サイト
(車1台分確保)

ツーリングサイト24サイト

その他 なし

アクセス

宮崎自動車道・都城I.Cから、国道269号線経由で、約90分
※2021年夏頃に大崎I.C開通予定

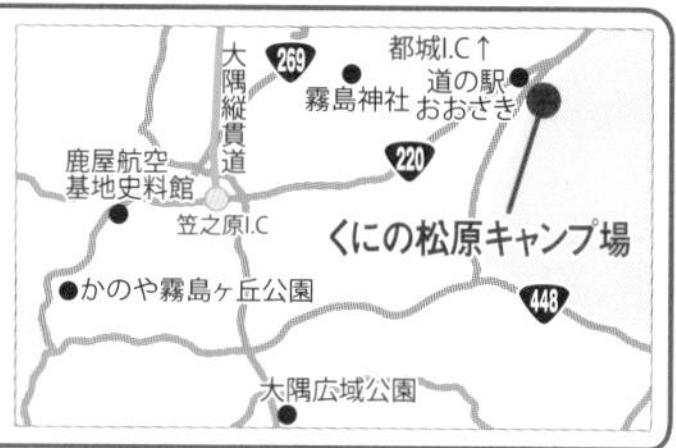

Pick Up!!

キャンプ場に隣接する町営プールは、7月1日〜8月末までオープンする。幼児用プールも備わっている。料金は大プール、幼児プールとも、4歳以上1回210円で利用できる。

ファミリーサイズのバンガローが新たに登場!

ウミガメの産卵地として知られる、益丸海岸に面した「くにの松原キャンプ場」。バンガローは8人用と6人用に加え、2021年4月に新たに4人用(1棟)が新設された。ファミリーにピッタリのサイズで、炊飯器にポット、カセットコンロなどの家電品も一式揃う。既存のバンガローの位置から少し離れた静かなエリアにあり、今後少しずつ増設予定。

フリーテントサイトとオートサイトはどちらも松林の中。これらのサイトを利用の場合、トイレは管理棟の1階へ。こちらのトイレもリニューアルされ、ウォシュレットが備わった。清潔に使え、特に冬キャンプで利用する時には嬉しい設備だ。

キャンプ場から海岸はすぐそこ。波が高いので残念ながら遊泳禁止だが、幼児用のサイズも備わったレジャープールが隣接している。他にも遊具で遊べたり、子どもの遊び場が充実したキャンプ場だ。

バンガローの駐車スペースは広い松林の中にありながら、綺麗に整備されているので、一般車両でも問題なく乗り入れできる。

4人用バンガローの室内。必要な家電一式とベッド完備。ロフトで寝袋を使って就寝してみるのも楽しそう。

受付時に渡される袋に入れ、空缶、ビン、ペットボトルなど表示に従って分別し、ゴミステーションへ。

管理棟裏側に、遊具イッパイの広場あり。プールで泳ぐにはちょっと寒いかな…というシーズンには、ここでたくさん遊ぼう。

料金表

1泊料金

入場料 なし

宿泊施設
バンガロー
(8人用)17,300円
(6人用)13,100円
(4人用)8,800円
定員超過については1人1,570円

テントサイト・オートサイト
オートキャンプサイト
1サイト(車1台5人まで) 2,630円
フリーテントサイト
1サイト(車1台5人まで) 1,050円
ツーリング(1人) 550円

日帰り料金

入場料 なし

宿泊施設 日帰りの利用はなし

テントサイト・オートサイト
フリーテントサイト
1人110円×人数分
オートキャンプサイト
1人210円×人数分

レンタル料金

※金額は税抜き

バーベキューコンロセット(コンロ・網・鉄板・火ばさみ)990円、アメニティタープヘキサL 3,300円、ドームテント1,650円、サマー用寝袋550円、メスティンセット(メスティン+五徳+燃料25g)など

注意事項

直火	直火は不可。炊事棟があるので、調理はそちらを利用しよう
花火	国定公園のため、花火は禁止
ゴミ	場内にゴミステーションあり。分別して持ち込める。ただし、燃えるゴミ・燃えないゴミは不可

近場のスポット!

道の駅 くにの松原おおさき

住所:曽於郡大崎町大字神領2419
TEL:099-471-6666

クルマで約5分の場所に「道の駅くにの松原おおさき」がある。野菜や果物の他にも、魚の干物などを販売。隣接する「あすぱる大崎」は物産館&レストラン、温泉があり、現在リニューアル中。

ぼくすいこうえんきゃんぷじょう

宮崎県

牧水公園キャンプ場

遊び場イッパイ

管理棟

デイキャンプOK

宿泊棟

テントサイト

オートサイト

AC電源

水洗トイレ

シャワーなど
※コテージのみ

レンタル用品
フリーWi-Fi

予・問 TEL0982-69-7720(現地・牧水公園ふるさとの家)

現地住所 日向市東郷町坪谷1267

受付開始 電話で随時受付

定休日 なし

開設期間情報 1 2 3 4 5 6 7 8 9 10 11 12

宿 泊	▶in 15:00〜 ◀out 翌10:00
日帰り	(コテージ) ▶in 11:00〜 ◀out 16:00 (フリーテントサイト) ▶in 9:00〜 ◀ out 17:00

管理人 通常8:30〜17:00常駐

管理棟、炊事場、バーベキュー小屋、若山牧水記念文学館、ふるさとの家、ちびっこ広場、テニスコート、草スキー場、多目的グラウンド、河川プール(夏期)など

シャワー&ランドリー

コテージ内に風呂あり。他は特にシャワー室など無いので、近くの温泉を利用しよう

宿泊棟数・サイト数

宿泊施設

コテージ(5人用)8棟
(10人用)2棟

テントサイト

フリーテントサイト約20サイト

オートサイト

なし
※テントサイト手前までクルマの乗り入れは可能

その他

公園内に15人から利用できる「ふるさとの家」あり

アクセス

東九州自動車道・日向I.Cから、国道327・446号線経由で、約40分

Pick Up!!

「ちびっこ広場」はアスレチック遊具があり、小さい子供が退屈せず楽しめる。丘の斜面にはツツジが植えてあり、初夏になると一面ピンクのツツジが美しく咲く。

山里の自然を満喫！夏場は河川プールもオープン

歌人、若山牧水の生誕地に作られた公園「牧水公園」。自然がいっぱいの牧水公園内には、若山牧水記念文学館、ちびっこ広場、テニスコート、河川プール（夏季限定）、多目的グラウンド、草スキー場などが揃い、家族みんなで出かけて1日中遊べる公園だ。

キャンプ場はコテージとフリーテントサイトがある。コテージはキッチンと和室で構成され、はしごで登るロフト付き。屋外には、あずまやが利用できるコテージがある。テントサイトにはシャワー施設が無いため、少し上級者向きかも。シャワーはコテージ内のみなので、人数や家族構成などに合わせて宿泊場を選ぼう。

また、園内にはアスレチック遊具も豊富にあり、丘の頂上にある展望台からは、牧水の生家などを一望できる。夏は、河川プールが開放されるので、水着を持って出かけよう。

バンガローのそばには小川が流れ、夏場は足を浸して涼んだり、子どもが川遊びをして楽しんでいる。

ちょっと上級者向けのテントサイト。オートサイトは無いが、手前まで車の乗り入れは可能。

公園内にはテニスコートもある。公園は広く坂道も多いが、テニスコート利用者の駐車場もすぐ横にあるので、園内での移動も楽だ。

夏場は、施設入口付近に流れる小川を河川プールとして開放。お子さんから目を離さないように。

料金表

1泊料金

入場料 なし

宿泊施設
コテージ（5人用）13,200円
（10人用）22,000円

テントサイト
テント1張1,100円（衛生管理費含）

日帰り料金

入場料 なし

宿泊施設
コテージ（5人用）3,300円
（10人用）5,500円

テントサイト
テント1張550円（衛生管理費含）

レンタル料金

バーベキューセット（コンロ、網、火ばし）1,100円。事前の予約で食材や木炭の用意も可能。コテージには炊飯器、ポット、電子レンジ、冷蔵庫を完備しているが食器類はなし

コテージは1棟ずつ離れているので、プライバシーを守ることができる。台所の他に、和室とロフトを完備。

注意事項

直火	直火は不可。炊事棟があるので、調理はそちらを利用しよう
花火	手持ち花火はできるが、打ち上げ花火は不可
ゴミ	ゴミは各自で持ち帰ろう

近場のスポット！

道の駅 とうごう

住所：日向市東郷町山陰辛244-1
TEL：0982-68-3072

クルマで約10分ほどの場所に「道の駅とうごう」がある。地元で採れた野菜のほか、スーパーもあるので、キャンプの食材はここで調達してみては。

遊び場イッパイ

おおのじょういこいのもりきゃんぷじょう

福岡県

大野城いこいの森キャンプ場

管理棟

デイキャンプOK

宿泊棟

テントサイト

オートサイト

AC電源

水洗トイレ

シャワーなど

レンタル用品

フリーWi-Fi
※エリアによる

予・問 TEL092-595-2110（現地・大野城いこいの森キャンプ場管理事務所/9時〜17時）

現地住所 大野城市大字牛頸667-58

受付開始 利用の12ヵ月前から電話で受付

定休日 月曜日、年末年始　※祝日の場合は翌日 ※7・8月は除く

開設期間情報 1 2 3 4 5 6 7 8 9 10 11 12 ※常設テントの開設期間は7月〜9月まで

宿泊	(テントサイト) ▶in 14:00〜 ◀out 翌12:00 (ロッジ) ▶in 14:00〜 ◀out 翌11:00
日帰り	(ファミリーテントサイト/フリーテントサイトロッジ) ※ロッジの利用は7・8月は除く ▶in 12:00〜 ◀out 17:00 (バーベキューサイト) ▶in 10:00〜 ◀out 17:00

管理人 通常24時間常駐

管理事務所棟、炊事棟、せせらぎ広場、運動広場、用品貸出センター、集会棟、ファイヤーサークル(要予約)、草ソリ場など

シャワー＆ランドリー

ロッジ内にはシャワー完備。管理事務所棟にはシャワーお風呂あり。ランドリーなし(1回・220円　時間17:00〜21:00)

宿泊棟数・サイト数

宿泊施設
ロッジ(〜10人用)全15棟

テントサイト
デッキテント10張(常設は7〜9月)
ファミリーテントサイト8張
フリーテントサイト22張
バーベキューサイト6卓

オートサイト なし

その他 なし

アクセス

九州自動車道・太宰府I.Cから、国道3号線・県道31号線経由で、約30分

Pick Up!!

キャンプ場中央のファイアーサークルに隣接する「アスレチック広場」。ターザンロープやボールブランコ、丸太ブランコは子どもたちに人気。

真冬のキャンプも楽しめる!森のキャンプ場

福岡市街地から約1時間ほどの場所にある「大野城いこいの森」。「身近に自然に親しめるリクリエーション空間」をテーマに、キャンプ場、水辺公園、スポーツ公園、中央公園などが構成され、子どもたちが遊べる施設が点在してる。

キャンプ場にはロッジ、デッキテント(7〜9月は常設テント)サイト、ファミリーテントサイト、フリーテントサイトがある。レンタル用品も充実しており、各サイトにはテーブルとベンチが付いている。デッキテントは数段の階段が付いた高床式。ロッジ(5種類・15棟)は暖房や紙皿などの備品が揃い、見た目も別荘のような佇まい。なお、オートサイトは無いが、一部、近くに車を止められるサイトもある。

場内には他に、自然観察路、草スキー場、水あそび場のせせらぎ広場などがあり、子どもたちも大喜びだ。

階段を数段上る「デッキテントサイト」。高床式なので湿気がこもらず快適。テント下にはテーブルとベンチも設置されている。

森の中にあるロッジは、別荘のような豪華な作り。暖房完備のロッジなら、真冬のキャンプでも充分楽しむことができる。

場内は駐車場から離れていて斜面にあるので、荷物運びがちょっと大変かも。管理事務所からリアカーを借りて運ぼう。

ファイヤーサークル(要予約)もあるので、大人数で利用する時は、是非利用してみては。

料金表

1泊料金

入場料
高校生以上440円以上、
小中学生220円、未就学児無料
福岡県宿泊税1人200円

駐車場
別途駐車料・普通乗用車220円

宿泊施設
ロッジ(5人まで)11,000円〜16,500円(追加1,100円/人、10名まで利用可)

テントサイト
(ファミリーテント・フリーテント・デッキテント)1張1,100円
※デッキテントは7〜9月常設(常設テント)1張5,500円

オートサイト なし

日帰り料金

入場料
高校生以上440円以上、
小中学生220円、未就学児無料

宿泊施設
ロッジ5,500円/棟(7・8月を除く)テントサイト1,100円/張
BBQサイト2,200円/卓(10:00〜17:00)

オートサイト なし

レンタル料金

テント1,100円、寝袋1枚440円、炊飯用具1組550円、バーベキューコンロ1組440円、鉄板1枚大330円、大鍋・まな板・包丁・ざる・フライパンなどは各1個110円

注意事項

直火	直火は不可。炊事棟があるので、調理はそちらを利用しよう
花火	手持ち花火はできるが、打ち上げや噴射式花火は不可(22:00まで)
ゴミ	ゴミは分別し、場内指定のゴミ捨て場へ持ち込もう

近場のスポット!

水辺公園・中央公園
住所:大野城いこいの森内
「大野城いこいの森」には、キャンプ場以外にも2つの公園が点在している。いずれもクルマで移動するほどの距離はあるが、駐車場代だけで、遊具は無料で遊べる。※パットゴルフなど一部有料もある。

遊び場イッパイ

かごしまけんりつ　ふきあげはまかいひんこうえんきゃんぷじょう

鹿児島県

鹿児島県立 吹上浜海浜公園キャンプ場

管理棟

デイキャンプOK

宿泊棟

テントサイト

オートサイト

AC電源

水洗トイレ

シャワーなど

レンタル用品

フリーWi-Fi
※管理棟のみ

予・問 TEL0993-52-7600（現地）または、ホームページ・予約サイトでも受付可能

現地住所 南さつま市加世田高橋1936-2

受付開始 利用の2ヵ月前から電話か予約サイトで受付

定休日 12月28日～12月31日

開設期間情報 ①②③④⑤⑥⑦⑧⑨⑩⑪⑫

宿泊	（バンガロー） ▶in 14:00～ ◀out 翌10:00 （常設テント / フリーサイト / オートサイト） ▶in 14:00～ ◀out 翌10:00
日帰り	▶in 10:00～ ◀out 15:00

管理人 通常 8：30～17：00 常駐
※宿泊者がいる場合 24 時間常駐

管理棟、サニタリー棟、炊事棟、温水シャワー、ランドリー、自動販売機、アスレチック遊具、ジャブジャブ池、プール、サイクリングロード、かせだ海浜温泉ゆうらくなど

シャワー＆ランドリー

バンガロー内と場内に温水シャワー完備。「かせだ海浜温泉ゆうらく」があり、キャンパーには100円の割引券を発行している

宿泊棟数・サイト数

宿泊施設
バンガロー（8人用）2棟
（5人用）9棟

テントサイト
常設テント（8人用）6張
フリーテントサイト20張

オートサイト
オートキャンプ40区画
（一部AC電源なし）
※オートサイトは普通車、大型車共通

その他 なし

アクセス

指宿スカイライン・谷山I.Cから、県道22号・20号線経由で、約40分

Pick Up!!

施設内には、カラフルなアスレチック遊具や砂場があり、その周辺には水あそびが楽しめる「ジャブジャブ池」がある。(利用期間4月～5月・7月～8月)

美しい夕日が眺められるキャンプ場

「吹上浜海浜公園キャンプ場」は、海・砂浜・松林と、海辺の自然をフルに満喫できる、ファミリーに最適なキャンプ場。施設全体をめぐる形でサイクリングロードがあり、レンタサイクルで回るのがオススメ。

場内にはバンガロー大・小、オートサイト、フリーテントサイト、常設テントサイトが揃い、大型のキャンピングーカーもオートサイトに宿泊可能。予約は電話か予約サイトで行い、料金は前払いになる。チェックイン時に、「キャンプ場施設使用許可申請書」の提出が必須。バンガローにはキャンプに必要な備品がほとんど揃うが、レンタル用品はテントのみ。

キャンプ場以外にも、場内には遊び場が点在。夏限定の屋外プールや、アスレチック遊具を備えたジャブジャブ池、ローラースケート場などがある。また、「かせだ海浜温泉・ゆうらく」が隣接しており、宿泊者には割引もある。たっぷり遊んで、疲れた体を温泉でほぐそう。

松林の中にあるオートサイト。AC電源完備で、水道設備有り・無しが選べる。

バンガローは8人用が2棟、5人用が9棟の計11棟。バンガロー内には、およそ必要な備品は揃っている。

近くには「かせだ海浜温泉ゆうらく」あり。キャンプ場利用者には割引もあるので、是非利用しよう。

広い場内を移動するには、自転車がイチバン！レンタサイクルは大人用～子ども用まで揃う。
●1台(2時間)小学生以上230円、幼児用110円

料金表

1泊料金

入場料 なし

宿泊施設
【4月～5月、7月～8月】
バンガロー
(大・8人用)12,240円
(小・5人用)10,100円

テントサイト
常設テント
(大・8人用)4,540円
フリーテントサイト
1張1,160円

オートサイト
オートキャンプ
(AC電源・水道あり)4,040円
(AC電源・水道なし)2,950円
※6月、9月～3月は、通常料金の2割引に

日帰り料金

日帰りの利用も宿泊料金と同額

レンタル料金

テント1泊1張1,000円(税込)。寝具類・バーベキューセットは、レンタル品取扱業者の紹介あり。詳しくはHPで確認するか、現地へ電話で要問い合せ

注意事項

直火	直火は不可。炊事棟があるので、調理はそちらを利用しよう
花火	花火は不可
ゴミ	ゴミは各自で持ち帰ろう

近場のスポット！

かせだ海浜温泉ゆうらく
住所:加世田高橋1952-2
TEL:0993-52-0226
キャンプ場から徒歩10分の場所に「かせだ海浜温泉ゆうらく」がある。キャンプ利用者には100円の割引券も発行しているので利用しよう(キャンプ場の受付で)。

遊び場イッパイ

なおかわいこいのもりこうえんきゃんぷじょう

大分県 直川憩の森公園キャンプ場

管理棟 デイキャンプOK 宿泊棟 テントサイト オートサイト AC電源 水洗トイレ シャワーなど レンタル用品 フリーWi-Fi

予・問 「直川憩の森公園キャンプ場」のホームページ・オンライン予約サイトから (現地・問合わせ)TEL0972-58-2517

現地住所 佐伯市直川大字赤木1262

受付開始 利用の3ヵ月前から予約サイトで受付 https://tabidoku.com/camp-naokawa/

定休日 木曜日 ※夏休み期間中は無休、年末年始

開設期間情報

1 2 3 4 5 6 7 8 9 10 11 12

宿 泊	▶ in 15:00〜 ◀out 翌10:00
日帰り	▶ in 9:00〜 ◀out 17:00

管理人 通常9:00〜17:00常駐

管理棟、炊事棟、シャワー棟、かぶとむしふれあい館、昆虫館、農業歴史資料館、ローラーすべり台、河川プール、パン工房など

シャワー＆ランドリー

バンガロー(5人用・8人用)内と場内にシャワー棟(5分・100円)あり。また、かぶとむしの湯がキャンプ場に隣接

宿泊棟数・サイト数

宿泊施設
バンガロー (8人用)8棟
(5人用)5棟
大型バンガロー(40人用)1棟

テントサイト
5区画

オートサイト なし

その他 なし

アクセス

東九州自動車道・佐伯I.Cから、国道10号線を延岡方面へ約25分。カブトムシのモニュメントが目印

Pick Up!!

実際に触れて、観察することの出来る「かぶとむしふれあい館」。ここは、カブトムシの生態が観察できる屋内の夜のゾーンと屋外の昼のゾーンがある。（夏季のみ営業）

カブトムシと河川プールが人気のキャンプ場

佐伯I.Cから国道10号線を延岡方面へ進むと、見えてくるのがカブトムシのモニュメント。ここから奥に入ったところに位置する、「直川憩の森公園キャンプ場」。場内には、昆虫の標本を展示した「昆虫館」やカブトムシの生態を観察できる「かぶとむしふれあい館」などがある。バンガローの名前も虫にちなみ、「カマキリ」「カブトムシ」など。かぶとむしふれあい館では、親子でカブトムシを観察する姿が多く見られる。

夏のキャンプのお楽しみは、やっぱり河川プール。炊事棟から階段を下りた場所にあり、小学生の腰ほどの水位ほどのものと、幼児も遊べる浅いプールがある。

また、子どもたちに人気なのが、全長100m以上のローラーすべり台。丘の上から滑り降りる爽快感がたまらない。おしりが痛くならないように、専用のマットも準備されている。

キャンプ場の脇には、自然の川の流れを利用した河川プールがある。場内にあるウォータースライダーも人気。

バンガロー5人用の室内。バリアフリー、オール電化の室内には宿泊に必要なものは、ひと通り揃っている。

全長100ｍ以上もあるローラーすべり台。四季折々の景観を楽しめ、特に春の桜の頃は気持ちが良い。

料金表

1泊料金

入場料
1人300円
15人以上は1人250円
※5歳以上

駐車料
宿泊者のみ1台200円

宿泊施設
バンガロー（5人用・8人用）
15,000円
バンガロー（40人用）
25,000円
※料金は日によって変動するので、予約サイトより要確認

テントサイト
1区画1,500円

オートサイト
なし

日帰り料金

日帰りの場合も宿泊料金と同額（バンガローのみ2,000円～利用可）

レンタル料金

シーツ400円、AC電源1,000円、水鉄砲500円、釣竿500円、ヒーター1,000円など
※バンガロー5人用・8人用には、宿泊に必要なものはほとんど揃っているが、予約時に確認を

注意事項

直火	直火は不可。炊事棟があるので、調理はそちらを利用しよう
花火	手持ち花火のみ可能
ゴミ	分別すれば引き取り可能（缶・ビン、不燃ゴミ、可燃ゴミ）

近場のスポット！

かぶとむしの湯（鉱泉センター直川）
住所：佐伯市大字赤木1252
TEL：0972-58-3311
キャンプ場の入り口駐車場横には「かぶとむしの湯」がある。キャンプでも大きなお風呂に浸かりたいという人やキャンプ帰りに立ち寄ってみよう。
料金／大人500円、小人300円

かのやきりしまがおかこうえんきゃんぷじょう

鹿児島県 かのや霧島ヶ丘公園キャンプ場

管理棟　デイキャンプOK　宿泊棟　テントサイト　オートサイト　AC電源　水洗トイレ　シャワーなど　レンタル用品　フリーWi-Fi

宿泊	▶in 17:00〜 ◀out 翌9:00
日帰り	▶in 10:00〜 ◀out 16:00

ファミリーから大人数まで宿泊できるキャンプ場

なだらかな丘の上に広がる「霧島ヶ丘公園」。園内ののキャンプ場には、バンガロー、キャビンが並ぶ。シャワー棟も完備されているので、キャンプ初体験のファミリーや、子どもが小さくても気軽に出かけられそう。

「ばらのまち」をキャッチフレーズにしている鹿屋市の公園だけに、ローズガーデンや、ばらのトンネルなど、「かのやばら園」をはじめ、季節の花が公園のそこかしこに植栽されている。また、多目的広場、噴水広場、ゴーカートやベビーカー（バッテリーカー）、大型遊具なども揃っており、子どもは大喜びするはず。

宿泊棟数・サイト数

宿泊施設 バンガロー（20人用）1棟
（25人用）1棟
キャビン（5人用）5棟

テントサイト なし

オートサイト なし　**その他** なし

予・問 TEL0994-40-2170（公園管理事務所）

現地住所 鹿屋市浜田町1250

受付開始 電話で随時受付（利用日の前日までに）

定休日 月曜日 ※祝日の場合翌日

開設期間情報 4 5 6 7 8 9

大人数の利用はバンガローがオススメ！ 20人用・25人用が1棟ずつあり低価格で宿泊できる。

「かのやばら園」では鹿屋オリジナルの「プリンセスかのや」をはじめ、春と秋にはたくさんのバラが見頃。※入園は有料

Pick Up!!

レーサー気分が味わえそうなゴーカート。1人乗りタイプが1回220円、パパやママと一緒に乗って楽しめる2人乗りタイプは1回440円。

注意事項

直火	直火は不可。室内にキッチン完備
花火	手持ち花火はできるが、打ち上げ花火や音が大きなものは不可
ゴミ	ゴミは各自で持ち帰ろう

INFORMATION

管理人（公園管理事務所） 通常8:30〜17:15常駐

管理事務所、シャワー棟、ばら園、フライングディスクゴルフコース、ゴーカート、展望台、子ども広場、自由広場、多目的広場など

シャワー＆ランドリー

バンガロー、キャビン内にはシャワー設備は無いが、場内に共同のシャワー棟があり、利用は無料

アクセス

東九州自動車道・鹿屋串良I.Cから、大隅縦貫道・笠之原I.C経由で約30分

料金表

1泊料金

入場料 なし

宿泊施設
バンガロー（20人用/25人用）
各1棟6,620円
11人目から1人につき660円追加
※エアコン1時間につき100円
キャビン（5人用）1棟5,500円

テントサイト・オートサイト
テントサイトやオートサイトはなし

日帰り料金

入場料 なし

宿泊施設
バンガロー（20人用/25人用）
各1棟2,240円
11人目から1人につき220円追加
※エアコン1時間につき100円
キャビン（5人用）1棟1,010円

レンタル料金

特にレンタル用品はないが、室内には食器や調理道具はひと通り揃っているので、予約時に確認をしよう

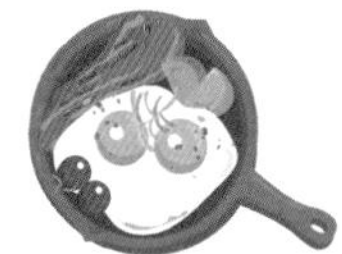

水辺（海・川・湖）のキャンプ場

「水辺のロケーションが好き」というファミリーにオススメ！事故を防いで、楽しく水辺のレジャーを楽しもう

川でも海でも、水遊びは楽しいものです。ただ、水辺のロケーションだからこそ気をつけておきたい、水の事故。ちょっと目を離した隙に…なんてことにならないように、安全に楽しみましょう。子どもばかりでなく大人も同様です。

川で水遊びをする場合、水底に尖った石やガラスの破片などが落ちていることがあるので、裸足で入らないよう注意が必要です。ビーチサンダルは流されたり、脱げてしまうので、足首にストラップが付いたタイプにしましょう。

また、紫外線の乱反射にも要注意。真っ赤になるまで日焼けするのはヤケドと同じですから、水着はラッシュガードにしたり、日焼け止めクリームや帽子を忘れずに。また、子どもにはマメに水分補給や休憩を取らせましょう。

はどみさききゃんぷじょう
佐賀県 波戸岬キャンプ場

 管理棟
 デイキャンプOK
 宿泊棟
 テントサイト
 オートサイト
 AC電源
 水洗トイレ
 シャワーなど
 レンタル用品
 フリーWi-Fi ※管理棟のみ

予・問 「波戸岬キャンプ場」のホームページ・オンライン予約サイトから （現地・問合わせ）TEL0955-82-2820

現地住所 唐津市鎮西町名護屋7324

受付開始 利用の1カ月前の1日（午前0時）から予約サイトで受付　https://www.hadomisaki-camp.jp

定休日 水曜日　※GW、夏休み期間などの繁忙期は無休 ※波戸岬海浜公園は年中無休

宿 泊	▶ in 12:00〜17：00 ◀out 翌11:00
日帰り	▶ in 11:00〜 ◀out 20:00

INFORMATION

管理人 通常9:00〜17:00常駐

管理棟、シャワー棟、炊事棟、トイレ、フリーサイトエリア、一般サイトエリア、オートサイトエリア、プレミアムエリア、中央広場、つどいの広場（運動広場）、野外ステージなど

シャワー＆ランドリー

シャワー棟あり。24時間利用可能（6分・300円）。ランドリーはなし

宿泊棟数・サイト数

宿泊施設 なし

テントサイト
一般サイト 17区画
フリーサイト 50人まで利用可
プレミアムエリア 1日1組限定

オートサイト 31区画

その他 なし

アクセス

西九州自動車道・浜玉ICから、波戸岬に向かい、国道204・382号線経由で、約45分

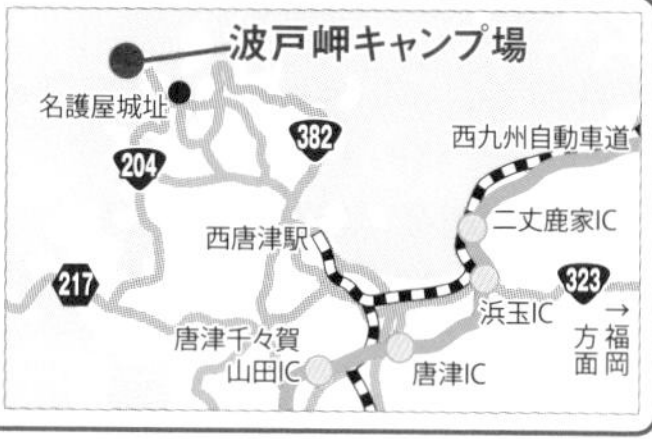

Pick Up!!

場内には、中央広場と「つどいの広場(運動広場)」がある。他の利用者に配慮しながら、思い切り走ったり体を動かしたりして楽しもう。フカフカの芝生だから、転んでも大丈夫!

「日本の渚百選」に選ばれた海沿いのキャンプ場!

東松浦半島の最北端、「日本の渚百選」に選ばれた波戸岬に立地する「波戸岬キャンプ場」。2018年に全面リニューアルされ、オシャレに一新。キャンプ初心者や若いファミリー層のユーザーが年々増えている。

宿泊棟はなく、フリーサイト、一般サイト、オートサイト、プレミアムエリアの4つで構成。フリーサイト内なら、どこでも自由にテントを設営できる。オートサイト(AC電源付き)と一般サイトは、サイズが通常Mと広めLの2タイプがあり、いずれもオーシャンビューを楽しめる。プレミアムエリアは、1日1組限定。冷暖房＆冷蔵庫完備のコンテナハウスや、専用駐車場、ウッドデッキなどが備わっており、完全にプライベートを確保できる点が人気だ。大人数で楽しめる広さなので、団体利用時にベスト。

また、2日前までに予約すれば、食材の用意もしてくれる。佐賀県産牛肉がメインのセットや、玄海灘の魚介類のセットなどが揃う。

プレミアムエリアは、ワクワクするようなスターシェードテントやウッドデッキを完備。SNS映えすること間違いナシ!

東松浦半島最北端にある波戸岬。夕方には、玄界灘に沈む夕日を眺めることができる。美しい夕日に、子どもたちもうっとり。

フリーサイトは仕切り無しなので、気に入った場所にテントを設営できる。ソロキャンプにも人気。

オートサイトはスペースのサイズが2種類。AC電源も付いているので、子連れや初心者はここの利用がオススメ。

料金表

1泊料金

入場料 なし
宿泊施設 なし
テントサイト
一般サイト
(通常区画M)2,200円
(広い区画L)3,850円
フリーサイト
大人(中学生以上)1人2,200円
小人(小学生)1人1,100円
※未就学児は無料

オートサイト
(通常区画M)4,400円
(広い区画L)6,600円

プレミアムエリア
※平日:大人6人以上、休祝日:大人8人以上からの利用
利用人数に応じた料金設定
大人(中学生以上)1人8,800円
小人(小学生)1人4,400円
※未就学児は無料

日帰り料金

テントサイト
一般サイト
(通常区画M)1,650円
(広い区画L)2,750円
フリーサイト
大人(中学生以上)1人1,540円
小人(小学生)1人770円
※未就学児は無料

レンタル料金

多数あり。ホームページを参照

注意事項

直火	直火は不可。焚き火台やBBQコンロを持参しよう
花火	中央広場のファイヤーサークル内で、手持ち花火のみ可能
ゴミ	可燃物、缶、瓶、ペットボトルのみ、分別すれば捨てる事ができる

近場のスポット!

玄海海中展望塔

住所:唐津市鎮西町波戸1628－1
TEL:0955-82-5907

波戸岬キャンプ場から、クルマで5分ほどの場所に「玄海海中展望塔」がある。海中窓がある水深7メートルの海中展望室からは、玄界灘に住む魚の遊泳を眺めることができる。

いとがはまかいひんこうえん

大分県 糸ヶ浜海浜公園

管理棟

デイキャンプOK

宿泊棟

テントサイト

オートサイト

AC電源

水洗トイレ

シャワーなど

レンタル用品

フリーWi-Fi
※管理棟周囲のみ

予・問 TEL0977-72-0555(現地)

現地住所 速見郡日出町大神6842

受付開始 利用の3ヵ月前の1日から電話で受付

定休日 月曜日(7･8月は除く) ※祝日の場合翌日、年末年始

開設期間情報 1 2 3 4 5 6 7 8 9 10 11 12

宿泊	▶ in 13:00～ ◀out 翌11:00
日帰り	日帰りの利用はなし

ログキャビン、炊飯場、管理棟、炊事場、シャワー室、運動場、テニスコート、野外ステージ、児童広場、展望台、ふれあいの森、パークゴルフ場など

管理人 通常9:00～17:00常駐
※(7月～8月)9:00～22:00常駐

シャワー＆ランドリー

ランドリーはなし。公園内にはシャワー室2棟完備。クルマで10分ほどの場所に温泉施設「スパビレッジ日出」もあるので、利用してみては。

宿泊棟数・サイト数

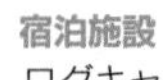

宿泊施設
ログキャビン
(AC電源完備)8棟
※ベッドや寝具はなし
寝袋などは持参すること

テントサイト
フリーテントサイト

オートサイト
オートキャンプ場
(AC電源完備)10区画
(AC電源なし)10区画

その他 なし

アクセス

九州自動車道・日出I.Cから、国道10号線経由で、約15分

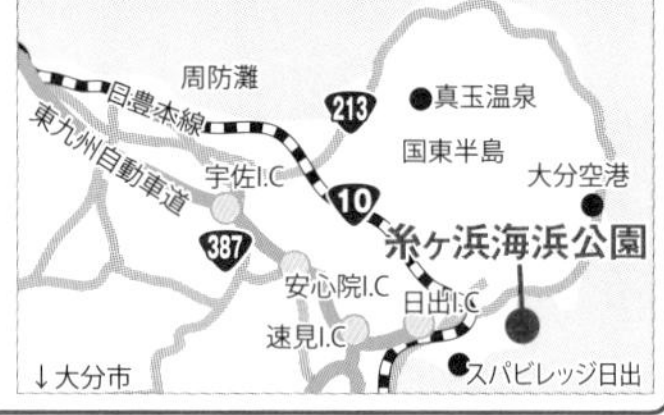

Pick Up!!

駐車場からキャンプ場へ向かう途中には、海の生き物をモチーフにしたコンビネーション遊具がある。ゴールデンウィークや夏休みは特に混み合うので、遊具は譲り合って遊ぼう。

目の前は美しいビーチ!海水浴やビーチバレーも

国東半島の南に位置する「糸ヶ浜海浜公園」。海沿いの立地を活かしてキャンプ場施設を中心に、テニスコートや運動場、遊具などが配備。ゴールデンウィークや夏休みなどには、多くの観光客やキャンパーで賑わう。浜辺ではビーチバレーの大会も行われたり、サップを楽しむ人の姿も。もちろん海水浴もできるので、水着やビーチサンダルを持ってくるのを忘れずに!

宿泊施設は、5～6人用のログキャビンが8棟(AC電源完備)。松林の中はフリーテントサイト、高台はオートサイトになっており、ここから海が一望できるロケーションは最高。敷地はかなり広く、それぞれのサイトに大型の炊事場、トイレが点在しているので安心だ。

シャワー棟は全2棟あり、1棟は管理人在中時にはいつでも使用可能。ここから車で10分ほどの場所に、温泉施設「スパビレッジ日出」もあり。

炊事棟の流しの横には、大きな調理台も着いているので、材料を切ったり洗い物をするのにも便利。

テントサイトは松林があるので、木陰に入ればタープなしでもOK!

海ではサップ(ボードに乗りパドルで漕ぐスポーツ)を楽しむ人も。

浜辺に建つシャワー棟(全2棟)。泳いだ後すぐにシャワーを浴びることができる。うち1棟は、管理人のいる時間帯であれば年中使用可能。温水シャワー(コイン式100円・3分)も設置。

料金表

1泊料金

入場料 なし

宿泊施設
ログキャビン1棟4,400円

テントサイト
持込みテント1張1,050円

オートサイト
(AC電源完備)3,670円
(AC電源なし)3,140円

その他、施設利用料金
テニスコート1面1時間320円
運動場1時間
(町内在住の方)420円
(町外在住の方)840円
パークゴルフ場(1周18ホール)
一般400円、高校生以下300円

日帰り料金

日帰りの利用はなし

レンタル料金

パークゴルフ、道具レンタル200円
※キャンプ用品のレンタルはなし

ログハウス風の管理棟。受付はここで。

注意事項

直火	直火は禁止。バーベキューをするには届け出が必要
花火	指定された場所で22時まで可(打上げ花火は禁止)
ゴミ	原則持ち帰りだが、希望すれば分別してゴミステーションに捨てることができる。スプレー缶、ガス缶等は、持ち帰ること

近場のスポット!

大分隠れヶ浜スパビレッジ日出
住所:速見郡日出町川崎4144-1
TEL:0977-28-0220
クルマで10分ほどの場所に、「スパビレッジ日出」がある。泉質は、アルカリ性単純温泉。大浴場や別府湾を一望できる露天風呂、ゆっくりくつろげる家族風呂もあり。レストランや宿泊施設も併設。

おおさきおーときゃんぷじょう

長崎県 大崎オートキャンプ場

 管理棟
 デイキャンプOK
 宿泊棟
 テントサイト
 オートサイト
 AC電源
 水洗トイレ
 シャワーなど
 レンタル用品
 フリーWi-Fi

予・問 TEL0956-83-3210(川棚町観光協会) TEL0956-82-2261(国民宿舎くじゃく荘)

現地住所 東彼杵郡川棚町小串郷大崎

受付開始 利用の6ヵ月前から電話で受付

定休日 なし

開設期間情報 
1 2 3 4 5 6 7 8 9 10 11 12

宿泊	▶in 13:00〜 ◀out 翌11:00
日帰り	▶in 11:00〜 ◀out 17:00

管理棟、炊事棟、温水シャワー室、くじゃく園、海水浴場、国民宿舎くじゃく荘、川棚大崎温泉しさいの湯など

管理人（7月・8月のみ）24時間常駐
※7・8月以外は国民宿舎くじゃく荘で受付代行

シャワー＆ランドリー

隣接する「国民宿舎くじゃく荘」と「しおさいの湯」あり
●くじゃく荘 大人:中学生以上600円、小人:3才〜小学生400円
●しおさいの湯 大人:中学生以上600円、小人:3才〜小学生350円

宿泊棟数・サイト数

宿泊施設 なし

テントサイト
一般キャンプ場
フリーサイト

オートサイト
オートサイト40区画
テントサイト(6人用)16張
テント持込サイト22区画
キャンピングカー用サイト2区画

その他 なし

アクセス

長崎自動車道・東そのぎI.Cから、国道205号線経由で、約20分

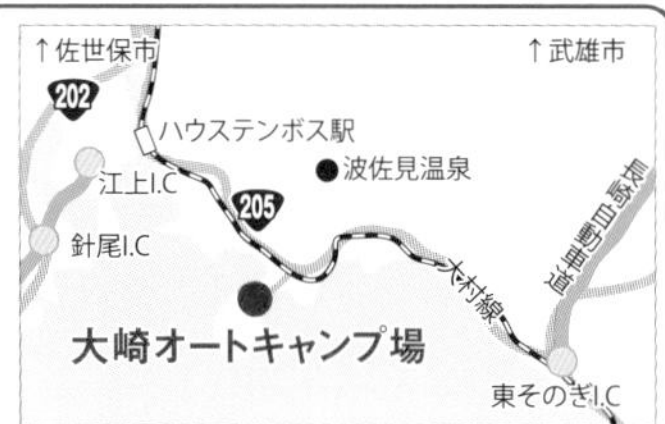

Pick Up!!

隣接する「国民宿舎くじゃく荘」と「しおさいの湯」に温泉を完備。キャンプ時のお風呂はここを利用しよう。

●くじゃく荘
大人:中学生以上600円
小人:3才～小学生400円

●しおさいの湯
大人:中学生以上600円
小人:3才～小学生350円

国民宿舎くじゃく荘 露天風呂

遊び場いっぱいの大崎半島をエンジョイしよう!

大村湾に面した川棚町の大崎半島にある、大崎自然公園。公園はかなり広く、くじゃく園、海水浴場、キャンプ場が入る。

「大崎オートキャンプ場」は常設テントサイト、テント持ち込みサイト、キャンピングカーサイトが入る「オートキャンプ場」と、宿泊と日帰りのどちらも受け付けている「一般キャンプ場」に分かれる。一般キャンプ場は入場料のみで利用できるため、シーズン中はファミリーからグループ等、たくさんの人で賑わう。また、車の乗り入れができないため、受付時に管理棟でリヤカーを借りて荷物を運ぶことができる。オートキャンプ場は、全てのサイトに駐車スペースとAC電源、テーブルとベンチが完備されている。

なお、場内に管理人がいるのは7月と8月のみ。それ以外の受付は、近くにある「国民宿舎くじゃく荘」が受付を代行している。

こちらは日帰りバーベキューができる一般キャンプ場。海沿いにあり、釣りを楽しむ姿も見られる。

キャンピングカー以外は車の入場ができないので、荷物は受付時にリヤカーを借りよう。

車で5分ほどの場所にある「大崎自然公園くじゃく園」。

オートキャンプ場エリアにある常設テント。ここにもAC電源が1基ずつ備わっている。

料金表

1泊料金

入場料
大人(中学生以上)600円
子ども(3才～小学生)400円

宿泊施設 なし

オートサイト
オートキャンプ場
6人用テント常設サイト5,500円
テント持込サイト4,500円
キャンピングカー用サイト4,500円

日帰り料金

テントサイト
一般キャンプ場 入場料のみ
※オートキャンプ場を日帰りで利用の場合も、1泊料金と同じ

レンタル料金

バーベキューセット(バーベキュー台・鉄板・金網・火ばさみ・トング)1,500円、炊事用具セット(炊事用具・なべ・やかん・飯ごう)1,000円
※単品でもレンタル可能

ゴミは場内のゴミ置き場で廃棄できる。分別はしっかりしよう。

注意事項

直火	直火は不可。炊事棟があるので、調理はこちらを利用しよう
花火	手持ち花火はできる(21時まで)が、打ち上げ花火や爆竹は不可
ゴミ	場内にあるゴミ置き場へ。分別して廃棄できる

近場のスポット!

大崎自然公園くじゃく園
TEL:0956-83-2844
同じ公園内のクルマで約5分程の場所に「大崎自然公園くじゃく園」がある。ドーム型ケージの中には約200羽のインドくじゃくが飼われ、エサやりなどを楽しめる。ほかにも遊具などがあるので、帰りに立ち寄ってみては。

いわやこうえんきゃんぷじょう

鹿児島県 岩屋公園キャンプ場

管理棟

デイキャンプOK

宿泊棟

テントサイト

オートサイト

AC電源

水洗トイレ

シャワーなど

レンタル用品

フリーWi-Fi

予・問 「岩屋公園キャンプ場」のホームページ・オンライン予約サイトから （現地・問合わせ）TEL0993-56-5465

現地住所 南九州市川辺町清水3882

受付開始 利用の3ヵ月前の1日から予約サイトで受付 https://www.iwayacamp.com

定休日 なし

開設期間情報 1 2 3 4 5 6 7 8 9 10 11 12

宿泊	▶in 14:00～ ◀out 翌11:00
日帰り	日帰りの利用はなし

管理人 通常8:30～17:30常駐
※宿泊者がいる場合 24時間常駐

管理棟、炊事棟、アスレチック遊具、流水プール、幼児用プール、ウオータースライダー、ロッカー、温水シャワー、体育館、カフェサクラノヤカタなど

シャワー＆ランドリー

ロッジ内と管理棟に温水シャワーあり（管理棟8:30～22:00/3分間・100円）

宿泊施設
ロッジ（10人用）4棟
（6人用）8棟
フォレストケビン（4人用）4棟
タイニーケビン（4人用）1棟

テントサイト
レトロテント 4棟
持ち込みテントサイト 6区画

オートサイト
オートキャンプサイト 1区画

その他 なし

アクセス

指宿スカイライン・川辺I.Cから、国道225号線を経由で、約15分

Pick Up!!

キャンプ場の横には川が流れており、夏場は無料の流水プールとして家族連れでにぎわっている。ウォータースライダー（1回50円）は、迫力満点で特に人気。

夏には自然流水プールがオープン！

万之瀬川のほとりの地形を活かして作られた、「岩屋公園キャンプ場」。夏場には、自然流水プールやウォータースライダーを目当てに訪れる家族連れで大変賑わう。

丸太造りの2階建てロッジは6人用と10人用があり、室内には人数分の食器、調理器具、寝具に、夏は扇風機、冬はファンヒーターも設置。キャンプ用品のレンタルも充実しており、食材や着替えなどを用意すれば、手ぶらに近い状態でキャンプが楽しめる。ロッジ利用に限り、玄関前に1台分の駐車スペースがあり、テントサイトは大駐車場を利用。

場内の広場には、ローラー滑り台やアスレチック遊具があり、川も含めて子どもたちの遊び場所が点在。他にも、県文化財である清水磨崖仏や日本庭園、しょうぶ園などがあり、ゆっくり散歩をするのにもピッタリ。

ロッジには調理器具や人数分の食器などが揃っているので、持ち込みの荷物が少なくてすみそう。

ロッジ２階は畳敷きの寝室になっている。テラスも付いており、ここでバーベキューを楽しむことが出来る。

園内には、鹿児島県指定文化財に指定されている「清水磨崖仏」がある。高さ20m、幅400mに200基の磨崖仏が彫られている。

施設内には、ローラー滑り台やアスレチック遊具がある。小さい子どもたちは、こちらで遊ばせよう。

料金表

※記載は全て税込価格

1泊料金

入場料 なし

宿泊施設
ロッジ10人用 20,500円
ロッジ6人用 15,500円
※人数追加(2人まで)1人1,570円
※オフシーズンは割引料金あり
フォレストケビン4人用 8,500円～
タイニーケビン 4人用 6,380円～

テントサイト
レトロテント4人用 7,200円～
テントサイト 2,200円～

オートサイト
オートキャンプサイト
1区画 4,400円

日帰り料金

日帰りの利用はなし

レンタル料金

ＢＢＱコンロセット（炭3キロ付き）2,500円、羽釜・なべ1個150円～250円、飯ごう1個150円、やかん1個100円～150円、包丁・まな板・ざる・ボウル・バケツ各100円、皿50円、寝袋500円など

注意事項

直火	直火は不可。炊事棟があるので、調理はそちらを利用しよう
花火	手持ち花火のみ可（22時まで）。打ち上げ花火は不可
ゴミ	有料回収あり

近場のスポット！

道の駅 川辺やすらぎの郷
住所：南九州市川辺町清水6910
TEL：0993-58-3131
クルマで約5分の場所に「道の駅 川辺やすらぎの郷」がある。地元産の大豆を使った寄せ豆腐が名物。野菜や精肉も販売しているので、バーベキューの材料はここで買ってみては？

水辺 海

長崎県〈 崎野自然公園（さきのしぜんこうえん）

管理棟 デイキャンプOK 宿泊棟 テントサイト オートサイト AC電源 水洗トイレ シャワーなど レンタル用品 フリーWi-Fi

予・問 TEL095-882-6303（現地）

現地住所 西彼杵郡時津町西時津郷1379−1

受付開始 電話で随時受付

定休日 12月28日～1月4日

開設期間情報 ①②③④⑤⑥⑦⑧⑨⑩⑪⑫

※バンガロー・テントサイトの利用は、4月～10月まで

宿泊	▶in 15:00～ ◀out 翌10:00
日帰り	(4月～10月) ▶in 11:30～ ◀out 21:00 (11月～3月) ▶in 11:30～ ◀out 16:00

管理人 受付時間内常駐
※(4月～10月)9時～19時、(11月～3月)9時～17時

コテージ、バンガロー、炊事棟（2棟）、キャンプ広場、キャンプファイヤー場、シャワー・トイレ、中央広場、展望台（3カ所）、草スキー場、遊戯広場、遊歩道、休憩場

シャワー＆ランドリー

公園（バンガロー近く）内にコインシャワー完備（3分・100円）

宿泊棟数・サイト数

宿泊施設
コテージ（2～6人用）3棟
バンガロー（10人用）5棟
（15人用）2棟

テントサイト
組立てテント（5人用）5区画
常設テント（5人用）5張
（8人用）3張

オートサイト なし

その他
日帰り利用のキャンプ広場

アクセス

長崎自動車道・多良見I.Cから、長崎バイパス・川平有料道路・国道207号線経由で、約30分

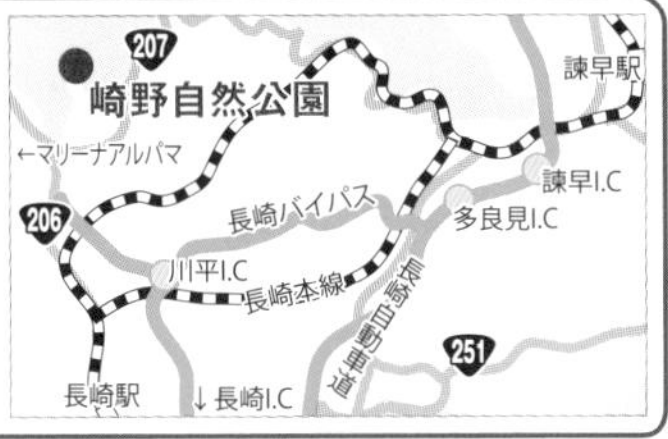

Pick Up!!

2018年にオープンした3棟のコテージ。室内には、食器やBBQセットが常備され、手軽にBBQが楽しめる。2階は大村湾を望む展望浴室が備わり、寝室からは星空を眺められる。

開放感いっぱいの大村湾を眺めながら、BBQ!

「崎野自然公園」は、時津(とぎつ)町と長与町にまたがる崎野半島にあり、たくさんの自然に囲まれた公園。波が静かな大村湾を背景に、キャンプ場、草スキー場、遊歩道や木製遊具が揃い、誰からも親しまれている公園だ。

キャンプ場は、管理棟から坂をぐるっと下った位置にあり、一年中利用できる。宿泊施設は、コテージ、バンガローにテントと、様々なタイプが揃う。中でも、2018年にオープンした、2階建てのコテージは大人気。家具や食器などが揃っており、食材だけ持参すれば、ベランダでバーベキューを楽しむことができる。予約はお早めに。

日帰りのバーベキューは、屋根付きのキャンプ場で。1人200円で、最長5時間まで利用可能(11月〜3月は最長4時間半)。いずれの場所からも、大村湾の穏やかな海を眺めることができる。

木製遊具やターザンロープなどの遊技広場がある。その近くには草スキー場があり、海を眺めながら遊ぶことができる。

バンガロー10人用は5棟。15人用のバンガローが2棟ある。

キャンプ利用者専用の駐車場もある。駐車場が少ないため、1グループ1台での利用を。

デイキャンプは、屋根付きのキャンプ広場が利用できる。低価格なのが人気(夏場は、最長5時間利用可)。

料金表

※価格は一般価格。下記以外に、特別料金(時津町、長与町に在住、または時津町に勤務している人が利用者数の半分以上の場合)もあり

1泊料金

入場料 なし

宿泊施設
バンガロー(10人用)9,950円
(15人用)14,870円

コテージ(4人まで)15,400円
※4人を超える場合、1人あたり1,100円必要
(5人で利用の場合)16,500円
(6人で利用の場合)17,600円

テントサイト
組み立てテント(持ち込みテント)(5人用)1,570円
常設テント(5人用)1,570円
(8人用)2,510円

日帰り料金

入場料 なし

宿泊施設 日帰りの利用はなし

その他
キャンプ広場(バーベキュー場)1人につき200円

レンタル料金

バーベキュー1セット(コンロ・網・鉄板・包丁・まな板・鍋・ケトル・フライパン・おたま・ターナー・火バサミなど)520円※1セット約10人用
食器セット(コップ・深皿)200円、炊飯セット(飯ごう・しゃもじなど)300円

注意事項

直火 指定された場所以外での直火は不可

花火 花火は不可

ゴミ ゴミは各自で持ち帰ろう

※その他注意事項などがあるので、チェックイン時に要確認

近場のスポット!

マリーナアルパマ(海の駅)
西彼杵郡時津町久留郷1439-10
TEL:095-882-1829
クルマで約25分の場所に「マリーナアルパマ」がある。ここはマリーナ以外にも体験乗船やルアーフィッシング大会などが行われている。海や魚が好きなお子さんがいたら、立ち寄ってみては。

水辺 海

くにさきし くにみおーときゃんぷじょう

大分県 国東市 くにみオートキャンプ場

管理棟 デイキャンプOK 宿泊棟 テントサイト オートサイト AC電源 水洗トイレ シャワーなど レンタル用品 フリーWi-Fi

予・問 TEL080-2705-9230(現地)

現地住所 国東市国見町伊美3863-1

受付開始 電話で随時受付(空いていれば当日もOK)※現地で使用許可申請書の提出が必要

定休日 12月31日～1月2日

開設期間情報 ①②③④⑤⑥⑦⑧⑨⑩⑪⑫

宿泊	▶in 13:00～16:00 ◀out 翌11:00
日帰り	▶in 9:00～ ◀out 17:00

管理人 通常8:00～18:00常駐

道の駅くにみ、多目的広場、サッカー場、遊具、ビーチバレー場、更衣室、シャワー室、多目的トイレ(車いす用・乳幼児用・ベビーシートなど)

シャワー＆ランドリー

オートサイトの正面にシャワー棟あり。または、多目的広場にもトイレとシャワー室あり

宿泊棟数・サイト数

宿泊施設 なし

テントサイト なし

オートサイト
オートサイト13区画(AC電源完備)

その他 なし

アクセス

東九州自動車道・宇佐I.Cから、国道387号・10号・213号線経由で、約70分

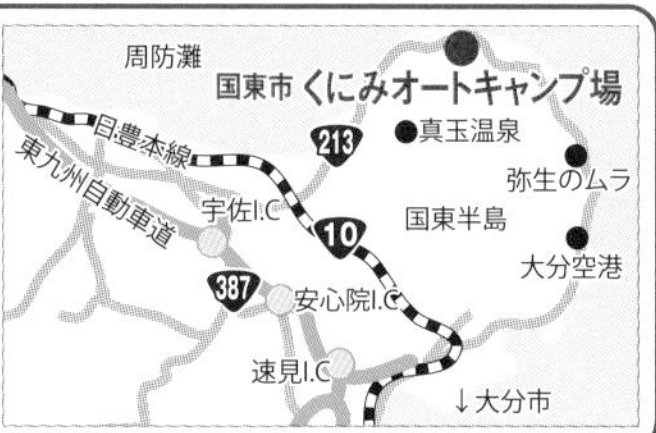

各サイトには炊事設備がある。水道とAC電源が付いているので、とても便利だ。

Pick Up!!

オートサイトの隣りには、「道の駅くにみ」がある。物産館には近隣でとれた魚介の加工品などを販売。また、「レストラン美浜」では、名物「たこめし膳」などが味わえる。

海添いのキャンプ場。設備や環境の充実度も抜群!

国東半島の最北端。国道213号線に建つ、道の駅くにみ。ここに隣接しているのが、「くにみオートキャンプ場」。海岸からは、車エビの養殖で有名な姫島が望める。

キャンプ場はオートサイト13区画のみだが、各区画にはAC電源付きの炊事設備、車1台分のスペース、テント2張り分が余裕で設置できる広さを確保している。隣りとの仕切りは背の低い垣根があるので、プライベートを守りながら閉塞感もない。正面にはトイレや温水シャワー室がある。シャワーの料金はサイト料に含まれているので、コイン式のように慌てることもない。

奥の海岸側に移動すれば、芝生のサッカー場や、海水浴場などがあり、家族みんなで1日中遊ぶことができる。バーベキューには、道の駅で購入した野菜や魚介類を加えて、国見の美味しいものを味わおう。

オートサイトの正面に、綺麗な温水シャワー室あり。コイン式ではないので、焦らず使えそう。

オートサイト13区画のみだが、1区画がかなり広めで、テントやタープも2張りほど余裕で建てられる。

キャンプ場の奥には、白砂のきれいな人工ビーチがある。朝の散歩をしたり、子どもたちは芝生敷きのサッカー場で遊んでみては。ボールを蹴る時は、周りに注意しよう。

料金表

1泊料金

入場料 なし
宿泊施設 なし
テントサイト なし
オートサイト
1区画3,670円
(AC電源・シャワー使用料込み)

日帰り料金

入場料 なし
宿泊施設 なし
テントサイト なし
オートサイト
1区画1,830円
(AC電源・シャワー使用料込み)

レンタル料金

レンタル用品はなし

受付は道の駅横の管理棟で。この奥がオートキャンプ場になっている。

注意事項

直火	直火は不可。各サイトの炊事設備か、足つきコンロを使用しよう
花火	花火は一切禁止
ゴミ	ゴミは全て持ち帰ろう

近場のスポット!

弥生のムラ 国東市歴史体験学習館

住所:国東市国東町安国寺1639-2
TEL:0978-72-2677

クルマで約30分の場所に「弥生のムラ 国東市歴史体験学習館」がある。ここは、約1800年前の歴史や生活、文化を体験できる史跡公園。高床建物や竪穴住居を見学できたり、火おこし体験や勾玉づくり体験もできる。

水辺 海

ひゅうがさんぱーくおーときゃんぷじょう

宮崎県 日向サンパークオートキャンプ場

管理棟

デイキャンプOK

宿泊棟

テントサイト

オートサイト
※キャンプサイトをオートサイトとして使用可能

AC電源

水洗トイレ

シャワーなど

レンタル用品

フリーWi-Fi
※道の駅日向のみ

予・問 TEL0982-58-0636（現地）

現地住所 日向市大字幸脇

受付開始 利用の3ヵ月前から電話で受付。デイキャンプは当日受付

定休日 なし

開設期間情報  1 2 3 4 5 6 7 8 9 10 11 12

宿泊	（コテージ／ログハウス） ▶in15:00～ ◀out 翌10:00 （キャンプサイト） ▶in14:00～ ◀out 翌11:00
日帰り	（コテージ／ログハウス） ▶in11:00～ ◀out 16:00 （キャンプサイト） ▶in 9:00～ ◀out 16:00

管理人（通年）7:30～19:00常駐

管理棟、炊飯棟、道の駅日向物産館、遊戯広場「ブーゲンビリアの丘」、テニスコート、グラウンドゴルフ場、海岸遊歩道など

シャワー＆ランドリー

コテージ内には風呂完備。管理棟にはコインシャワーとランドリーを完備

宿泊棟数・サイト数

宿泊施設
コテージ(10人用) 4棟
ログハウス(4人用) 2棟

テントサイト・オートサイト
キャンプサイト 27区画
(AC電源完備)
※キャンプサイトをオートサイトとして利用可

その他 なし

アクセス

東九州自動車道・日向I.Cから、南へ約10分。道の駅日向の案内板に従い現地へ

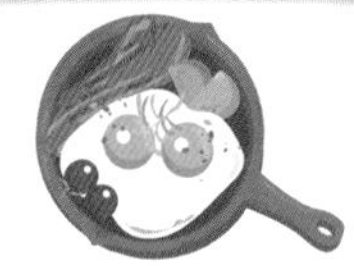

Pick Up!!

元気いっぱいの子どもたちにオススメなのが、「ブーゲンビリアの丘」。丘の上には船をモチーフにしたアスレチックなどの遊戯広場がある。斜面を利用して草スキーも楽しめる。

海沿いに建つ、南国ムードのキャンプ場

日向灘沿いに建つ「日向サンパーク」。ここには道の駅、オートキャンプ場、テニスコート、グラウンドゴルフ場、アスレチック遊具を備えた遊戯広場などが集まっている。海が近いだけに場内にも潮の香りがし、"南国・宮崎"でのキャンプを堪能するのにピッタリの施設だ。

キャンプ場内は、AC電源完備のキャンプサイトが27区画。1区画が広めなので、のびのびとキャンプができる。ここはオートサイトも兼ねているので、好みのスタイルでキャンプを楽しめそう。

4棟あるコテージ内には、冷蔵庫、炊飯器、食器類、寝具類などが揃っているので、食材を用意するだけでOK。また、リーズナブルな料金で利用できるログハウスも2棟ある。

近くには、遊戯広場「ブーゲンビリアの丘」があるので、バーベキューでお腹いっぱいになったら、子どもたちをここで遊ばせよう。

ログハウス(4人用)1棟1泊4,950円という低価格も嬉しい。

キャンプサイトはオートサイトとしても利用可(AC電源完備・27区画)。

道の駅日向には、新鮮な野菜の他、魚の加工品なども販売。おつまみなどもここで調達！

夜間照明が備わった全天候型のテニスコート。予約もできるので、テニス好きのファミリーやグループにオススメ！(テニスの使用料は別途)

料金表

1泊料金

入場料 なし

宿泊施設
コテージ(10人用)
6人までで使用の場合15,400円
※6人を超える場合、人数1人につき1,650円加算
ログハウス(4人用) 4,950円

テントサイト・オートサイト
キャンプサイト1区画3,850円
キャンピングカー1区画5,500円

日帰り料金

宿泊施設
コテージ(10人用)
6人までで使用の場合5,500円
※6人を超える場合、人数1人につき580円加算
ログハウス(4人用) 2,470円

テントサイト・オートサイト
キャンプサイト1区画1,650円
キャンピングカー1区画2,750円

レンタル料金

テント(1泊)1,650円、(日帰り)820円、タープ(1泊)550円、(日帰り)270円、バーベキューグリルセット(1台)1,100円、屋外用テーブル・イスセット1,100円、寝袋1枚440円、毛布1枚330円、炊飯器550円、電気ポット550円など

注意事項

直火	直火は不可。炊事棟があるので、調理はそちらを利用しよう
花火	手持ち花火はできるが、打ち上げ花火は不可
ゴミ	ゴミは各自で持ち帰ろう

近場のスポット！

道の駅 日向

住所：日向市大字幸脇241-7
TEL:0982-56-3809

キャンプ場に隣接して「道の駅 日向」がある。新鮮野菜はもちろん、弁当や惣菜、お土産品などが揃う。軽食コーナーもあり、うどん、そば、ソフトクリームなどを味わえる。

のだけここうえんきゃんぷじょう

長崎県

野岳湖公園キャンプ場

管理棟

デイキャンプOK

宿泊棟

テントサイト

オートサイト

AC電源
水洗トイレ

シャワーなど

レンタル用品

フリーWi-Fi
※管理事務所周辺のみ

予・問 TEL0957-55-8254（現地・野岳湖公園管理事務所／9時～17時）

現地住所 大村市東野岳町1097-1

受付開始 利用の2ヵ月前から3日前まで電話で随時受付

定休日 なし

開設期間情報 
1 2 3 4 5 6 7 8 9 10 11 12

宿泊	▶in 15:00～ ◀out 翌10:00
日帰り	▶in 10:00～ ◀out 15:00

管理人 通常24時間常駐

管理事務所、憩いの広場、売店（レンタサイクル）、トリム広場、ロザ・モタ広場、多目的広場、儀太夫記念館、水辺の広場、野岳大橋

シャワー＆ランドリー

公園内に温水シャワー室完備。1回利用3分間100円

宿泊施設
バンガロー（15人用まで）5棟

テントサイト
【東サイト】
常設テント（8人用）5棟
持ち込みテント
（5～6人用）15張

【中央サイト】
持ち込みテント
（5～6人用）15張

オートサイト なし

その他 なし

アクセス

長崎自動車道・大村I.Cから、国道34号線経由で、約20分

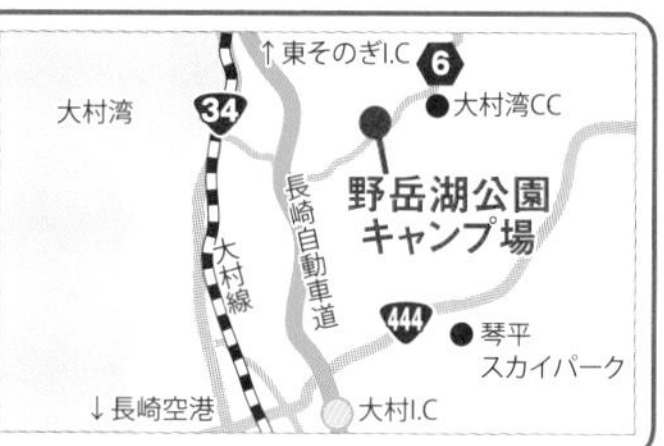

Pick Up!!

駐車場の奥には、ロング吊橋やターザンロープ、モグラトンネルなどが並ぶ"トリム広場"がある。公園に遊びに来ている家族連れが多いので、順番は守って仲良く遊ばせよう。

サイクリングやトリム遊具で思いっきり遊ぼう!

多良岳県立自然公園内にある野岳湖。ここは、江戸時代に捕鯨で財を得た深澤儀太夫が、私財で築いた周囲3kmの人造湖。野岳湖の中央に架かる野岳大橋からは郡岳を望むことができ、散歩やサイクリングコースとして、地元の人に親しまれている。

キャンプ場は、東サイトにはバンガローが5棟、8人用の常設テントが5棟と持ち込みテントサイト。中央サイトには、持ち込みテントを張ることができる。いずれの場所にも、共同で使えるトイレや温水シャワー室が完備されている。キャンプ場からはどこも湖に近いので、小さい子ども連れは特に目を離さないよう注意が必要。

園内には遊び場が豊富。ロング吊橋やターザンロープなどの体を使って遊ぶトリム広場や、水辺の広場では水遊びもできる。公園を囲むようにサイクリングロードも整備されているので、1日中遊べそうだ。

中央サイトの持ち込みテントの様子。ここからは野岳湖を眺めながら、アウトドアを楽しめる。

テントはちょっと…というファミリーは、バンガロー(5棟)もある。

管理事務所を兼ねた野岳湖自然公園センター。中央サイトから階段を上った位置にある。

野岳湖の東サイトと、ロザ・モタ広場をつなぐ吊り橋「野岳大橋」。春には桜が咲き、公園を訪れる人の目を楽しませてくれる。

料金表

1泊料金

入場料 なし
宿泊施設 1棟4,500円

テントサイト
常設テント(8人用)3,000円
貸しテント(6人用)1,200円

テント持込料 5人用以下 400円
6人用以上 600円
10人用以上 1,000円

タープ持込料600円

オートサイト なし

日帰り料金

宿泊施設 1棟2,000円
テントサイト 宿泊料金と同額
オートサイト なし
※GW、盆休み期間中の利用は除く

レンタル料金

毛布120円、バーベキューコンロ2,000円

公園そばにはレンタルの自転車がある。

注意事項

直火	焚き火やキャンプファイヤーをする場合は、管理事務所に届け出が必要。指定された場所のみで、22時までに消火
花火	花火は禁止
ゴミ	ゴミは各自で持ち帰ろう

近場のスポット!

大又農園
住所:大村市立福寺町563
TEL:0957-55-8383
ここからクルマで5分ほどの場所に、「大又農園」がある。春には菜の花、秋はコスモスが一面に広がる。季節のフルーツ狩りができたり、農園のフルーツを使ったスイーツも人気だ。

水辺 海

みちのえききたうら　はまゆうむらきゃんぷじょう

宮崎県 道の駅北浦 浜木綿村キャンプ場

管理棟　デイキャンプOK　宿泊棟　テントサイト　オートサイト　AC電源　水洗トイレ　シャワーなど　レンタル用品　フリーWi-Fi ※売店周辺のみ

予・問 「道の駅 北浦」のホームページ・オンライン予約サイトから（現地・問合わせ）TEL0982-45-3811

現地住所 延岡市北浦町古江3337-1

受付開始 予約サイトで随時受付 http://michinoeki-kitaura.com/cms/

定休日 なし

開設期間情報  1 2 3 4 5 6 7 8 9 10 11 12

宿泊	▶in 15:00〜 ◀out 翌11:00
日帰り	日帰り利用はなし

管理人 通常8:30〜17:00常駐
※宿泊者多数の場合のみ、夜間も常駐

管理棟、シャワー棟、炊事棟、道の駅 北浦（物産館）、河川プール、アスレチック、塩資料館、レストラン、テニスコート、ミニシアター、海水浴場など

シャワー＆ランドリー

ケビンにはお風呂完備。シャワー棟2つあり
【西】温水・3分100円
【東】温水・5分200円、水・3分100円

宿泊棟数・サイト数

宿泊施設
ケビンA棟（4人用）6棟
ケビンB棟（4人用）6棟
ケビン（7人用）3棟

テントサイト
常設テント（4人用）5基
グランピング（2人用）1基

オートサイト
オートキャンプサイト
11区画（AC電源完備）

その他 なし

アクセス

東九州自動車道・北浦I.Cから、国道388号線経由で、約4分。または須美江I.Cからは約8分

Pick Up!!

テントサイトは松林の中に位置し、木陰で快適に過ごせる。女性に人気なのがグランピング(1基・食事は持ち込み)。椅子やベッドマットは完備。飾り付けをして、オシャレにキャンプを楽しもう。

美しい海沿いに建つキャンプ場

九州では唯一、環境省が認定する「快水(かいすい)浴場百選」特選に選ばれた下阿蘇ビーチ。この美しい海に隣接するのが「道の駅 北浦」。場内には「浜木綿村キャンプ場」、アスレチック遊具、河川プール、パークゴルフ場やテニスコートなどが揃う、充実した施設だ。

ケビンは平屋、中2階建て、2階建ての全3タイプ。それに、AC電源完備のオートキャンプサイトと常設テントサイトがある。また、2人用1基限定のグランピングは、特に女性に人気だ。ケビンには寝具、調理用具、食器、バーベキューセットなどが完備されているので、小さいお子さん連れや、アウトドア初心者でも安心して利用できる。

キャンプ場の目の前は海水浴場。夏場はたくさんの人で賑わう。コインシャワーも点在しているので、泳いだ後すぐにシャワーを浴びることができるのも、嬉しいポイントだ。

隣接する「道の駅 北浦」では、魚介類の加工品やお土産などを販売。

ケビンには風呂、トイレ、冷蔵庫、エアコン、炊飯器、ポット、食器などが完備しているので、小さい子ども連れの利用にピッタリ。外には、常設型の焼き肉台もあり。

船の形がユニークなアスレチック遊具。

キャンプ場は、「快水(かいすい)浴場百選」に選ばれた下阿蘇ビーチに隣接。海を眺めるだけでも癒されそう。

料金表

1泊料金

入場料 なし

バンガロー等

ケビン A棟(4人用・中2階建て)
B棟(4人用・平屋建て)
12,100円〜
C棟(7人用・2階建て)
25,300円〜

オートサイト

1区画(1台)3,300円〜

テントサイト

常設テント(4人用)1基4,800円
グランピング
(2人用)1基10,000円

日帰り料金

日帰りの利用はなし

レンタル料金

BBQ台(網・火ばさみ付き)540円、寝袋1,000円、焚き火台1,000円
※数に限りがあるので、要問い合せ

オートキャンプサイトには、野外テーブルや野外炉、AC電源が完備。流し台も各サイトに固定されているので、使いやすい。

注意事項

直火	直火は不可。オートキャンプサイトは野外炉が備わっているので、調理はこちらを利用しよう
花火	手持ち花火は可(21時まで)。打ち上げ花火や音の出る花火は不可
ゴミ	ゴミは各自持ち帰ろう

近場のスポット!

塩田・海の資料館

住所:延岡市北浦町古江3337-1
TEL:0982-45-3811(道の駅 北浦)

道の駅北浦の裏手に「塩田・海の資料館」がある。かつてこの辺りは、『揚げ浜式』という製法の塩作りが盛んだった。ここでは現在もその製法で塩を生産しており、資料館は無料で見学できる。

きゃんぷぐらうんど　ていく

長崎県 campground take

管理棟　デイキャンプOK　宿泊棟　テントサイト　オートサイト　AC電源　水洗トイレ　シャワーなど　レンタル用品　フリーWi-Fi

予・問 インスタグラム「campground_take_」のメッセージから（問合わせ／9時～16時）TEL090-8629-8127

現地住所 東彼杵郡東彼杵町平以田郷520-1

受付開始 インスタグラムのメッセージか電話で随時受付（利用の3日前まで）

定休日 なし

開設期間情報 ❶❷❸❹❺❻❼❽❾❿⓫⓬

宿泊	▶in 15:00～ ◀out 応相談
日帰り	▶in 10:30～ ◀out 応相談 ※空きがあれば

管理人 利用者がいる場合のみ現地に常駐

テントサイト、炊事棟、トイレ、風呂（岩風呂、ドラム缶風呂）、ツリーハウス

シャワー＆ランドリー

場内に岩風呂とドラム缶風呂あり

宿泊棟数・サイト数

宿泊施設 なし

テントサイト
テントサイト4～5張

オートサイト なし
※今後オートサイトを開設予定

アクセス

長崎自動車道・東彼杵郡I.Cから、約7分

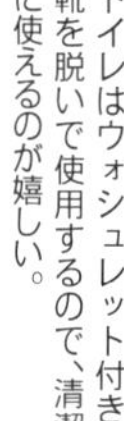
トイレはウォシュレット付き。靴を脱いで使用するので、清潔に使えるのが嬉しい。

Pick Up!!

場内のシンボルであるツリーハウス。はしごを登って、木の枝につかまりながら立ってみよう。ここからだと、さらに大村湾がよく見える。お子さんが登る時は、目を離さないよう注意して。

キャンプの醍醐味!ちょっと不便なくらいが楽しい!

2021年初夏にオープンしたばかりの「campground take(キャンプグラウンド テイク)」。オーナーが家族から受け継いだ土地を、友人たちの協力を受けながらコツコツと作りあげたアットホームなキャンプ場だ。現在は、テントを張れる4～5張分のスペースのみだが、キャンプは少し不便な方が楽しいもの。今後は、オートサイトも開設する予定。

高台に位置し、大村湾に沈む夕陽が一望できる最高のロケーション。夏場に大村湾で打ち上げられるダイナミックな花火を、ここからのんびり眺められる。子どもたちにオススメなのが、場内の大きな木に作られたツリーハウス。足場があるだけの"秘密基地"的な雰囲気で、スリル満点。ここからはより広く海が見渡せるので、ぜひ体験してみて。

これからコツコツと進化していく、小さなキャンプ場。ピザ焼き体験や近くの海でのSUP体験教室も開催予定で、今後の展開が楽しみだ。

海を眺めながら、ハンモックブランコで遊ぶこともできる。

現在は、テント4～5張分のスペースを整地。今後は、オートサイトも作る予定だ。

少人数での利用なら、前日までの予約でバーベキュー用の肉を注文可能。グループ利用の場合は、1週間ほど前に予約を。

高台に位置しているので、日が沈むとこんな雰囲気に。眼下の沿岸の灯りが美しく、星空も楽しめる。

料金表

※支払いは現金かpaypayで
※食材は予算によって準備可能。前日までに要予約。発注済食材のキャンセルは実費負担となるので、ご注意を

1泊料金

入場料 なし
宿泊施設 なし
テントサイト
大人(中学生以上)1,800円、子ども(小学生)1,500円、未就学児 500円※特典あり

日帰り料金

入場料 なし
テントサイト
大人(中学生以上)1,000円、子ども(小学生)500円、未就学児 無料
食材は予算に合わせて用意可能 ※要予約

レンタル料金

テント&タープセット(1～2人用)2,500円、(3～4人用)3,500円、タープのみ1,500円、BBQセット(網・プレート・火ばさみ)1,500円、テーブル500円、椅子500円、延長コード(ドラム)300円、寝具(寝袋)1,000円、焚火台500円

注意事項

直火	直火は不可。バーベキュー台や焚き火台の利用を
花火	打ち上げ花火は不可。要相談で、手持ち花火のみ可能
ゴミ	基本は持ち帰りだが、有料でゴミを引き取ってくれる(分別必須・金額は要相談)

近場のスポット!

道の駅 彼杵の庄 そのぎのしょう
住所:東彼杵郡東彼杵町彼杵宿郷747-2
TEL:0957-49-3311
クルマで7分ほどの場所に「道の駅 彼杵の庄」がある。店内では鯨肉や彼杵茶、みかんジュースなどを販売。歴史民俗資料館やひさご塚古墳が隣接する。東彼杵I.Cにも近いので、お土産購入にも便利。

水辺 川

おくやたにけいこくきゃんぷじょう まざーねいちゃーきらり

熊本県

奥矢谷渓谷キャンプ場 マザーネイチャーきらり

管理棟　デイキャンプOK　宿泊棟　テントサイト　オートサイト　AC電源　水洗トイレ　シャワーなど　レンタル用品　フリーWi-Fi

宿泊	▶in14:00〜17:00 ◀out 翌12:00
日帰り	▶in9:00〜 ◀out17:00

渓谷の冷たい水を引いた、5つのプールで遊ぼう!

矢谷渓谷キャンプ場からさらに上流域に位置するのが、「奥矢谷渓谷キャンプ場 マザーネイチャーきらり」。ここにはオートサイト、常設の固定テント、ケビンが揃う。人気は固定テント。高床式で広い屋根が付き、デッキにはテーブルとイス、照明が設置。雨の日や夜も、ここで食事が楽しめる。テント内にも照明が付き、大人でも5〜6人が充分就寝できる広さ。

またここは遊び場も充実。5つのプールをつなぐスライダーにその上を走るローラースライダー。その他パットゴルフ場もあり、家族でまる一日遊べる施設だ。

宿泊棟数・サイト数

宿泊施設	ケビン(8人用)9棟 大型ケビン(20人用)2棟
テントサイト	テントサイト20張
オートサイト	オートサイト14区画
その他	なし

予・問 TEL0968-48-9595(現地)　現地住所 山鹿市菊鹿町矢谷1168

受付開始 電話で随時受付 ※シーズン期の受付は3月1日より ※11月〜2月は水・土曜日のみ受付

定休日 12月29日〜1月3日 ※11月〜2月は月・火・木・金・日

開設期間情報 1 2 3 4 5 6 7 8 9 10 11 12

管理棟は売店もあり、酒類やジュース、お菓子、氷、洗剤、薪、炭などを販売。毛布や調理道具などの貸し出しもここで。

高床・常設の固定テントは広い屋根付き。雨の日もここでバーベキューが楽しめる。照明はデッキと室内に設置。

Pick Up!!

子どもたちに人気なのが、渓谷の冷たい水を引いたウォータースライダーやその上を走る90mのローラースライダーなど、遊び場が充実!

注意事項

直火	直火は不可。炊飯棟があるので、調理はそちらを利用しよう
花火	手持ち花火はできるが、打ち上げ花火は不可
ゴミ	場内にゴミ捨て場あり。分別するようになっているので、ルールを守って

INFORMATION

管理人 通常9:00〜17:00常駐

管理棟、炊事棟、コイン式温水シャワー室、ゴミ捨て場、ウォータースライダー、ローラースライダー、パットゴルフ場、つどいの広場など

シャワー&ランドリー

ケビン内には風呂完備。管理棟横に温水コインシャワー室あり。また、管理棟にはランドリーもあり

アクセス

九州自動車道・菊水I.Cから、県道16号、国道325号、県道9号線経由で約45分

料金表

※夏休み期間中の土曜日を除いた価格

1泊料金

入場料
大人300円、子ども100円

宿泊施設
ケビン(バストイレ付/5〜6人)
17,000円
※夏休み期間の土曜 20,000円

大型ケビン(21畳・シャワートイレ付)
31,000円
※夏休み期間の土曜 36,000円

テントサイト
固定テント(5〜6人) 5,000円
※夏休み期間の土曜 6,000円

オートサイト
流し台・AC電源付き1区画
6,000円

日帰り料金

入場料
大人300円、子ども100円

レンタル料金

電気炊飯器・バーベキューセット(5人用)・半切ドラム缶(10人以上)各1,000円、鉄板・羽釜・ビニールシート各500円、網・やかん・はんごう・鍋(大小)・カセットコンロ(ガスは別売り)・毛布各200円、まな板・包丁・ボール・おたま・しゃもじ・ざる・スプーン・金さら・金おわん・フライパン・敷マット各100円、温水シャワー(4分間)200円

山間部にあるキャンプ場

「星を眺めるのが好き」などのファミリーにオススメ！昼夜の寒暖差が大きいので、夏でも防寒対策をお忘れなく

キャンプ場が多い九州ですが、山間部には特に、かなり昔から運営されているキャンプ場が数多くあります。昼間は高原や山の緑を眺めて、夜はできるだけ灯りを少なくして、星空を眺めたり、虫の鳴き声を聞いたりして楽しみましょう。

なお、山間部は夏場でも昼夜の寒暖差が大きいところがあります。ひんやりとした高原の風が涼しくて気持ち良い…くらいならイイのですが、地形や風向き、高度によっては、真夏でも夜間は寒い場合があります。

特にテント泊の場合、わずかなすきま風も就寝中の体温を下げる要因になりますから、タオルケット以外に毛布を1～2枚と、厚手の長袖シャツを持って行くと安心ですよ。

山間部

ゆのまえぐりーんぱれすきゃんぷじょう

熊本県 ゆのまえグリーンパレスキャンプ場

管理棟 ※公園管理棟 デイキャンプOK 宿泊棟 テントサイト オートサイト AC電源 水洗トイレ シャワーなど レンタル用品 フリーWi-Fi

予・問 TEL0966-43-4545(現地・ゆのまえグリーンパレス)

現地住所 球磨郡湯前町1588-1

受付開始 電話で随時受付

定休日 第2・4月曜日　※祝日の場合は翌日

開設期間情報 1 2 3 4 5 6 7 8 9 10 11 12

宿泊	(オートサイト) ▶ in 13:00〜 ◀out 翌12:00 (コテージ / ゲストハウス) ▶ in 15:00〜 ◀out 翌10:00
日帰り	▶ in 9:00〜 ◀out 17:00 ※サイトに空きがある場合のみ

公園管理棟、オートキャンプ場、バーベキュー棟、コテージ、ゴーカート場、ゆのまえ温泉「湯楽里」、パターゴルフ場、グラウンドゴルフ場など

管理人 通常8:00〜17:00常駐

シャワー＆ランドリー

ゆのまえ温泉「湯楽里」を利用できる。チェックインした日から翌日まで3回利用できる、お得な手形もある。ランドリーはなし。

宿泊施設

コテージ(A棟6人用)3棟
(B棟6人用)3棟

ゲストハウス
(ロフトタイプ 定員5人)3棟

テントサイト

フリーサイト20基

オートサイト (AC電源完備)

Aサイト　12区画
Bサイト　6区画
Cサイト　5区画

その他

湯楽里本館10室
合宿棟

アクセス

九州自動車道・人吉I.Cから、広域農道・フルーティーロード、もしくは、国道219号経由で約45分

Pick Up!!

グリーンパレスには、1周580mのゴーカートコースがある。起伏に富み、最上部からは広場が一望できる。子どもたちばかりでなく、パパ・ママのはしゃぐ声も聞こえる。1回300円

吊り橋はスリル満点！温泉も併設のキャンプ場

球磨盆地の東端に位置し、宮崎県との県境にも近い湯前町。この自然いっぱいの環境の中に建つのが、「ゆのまえ温泉湯楽里（ゆらり）」。キャンプ場を中心に、ゴーカートやパターゴルフ場などの屋外施設で構成される「ゆのまえグリーンパレス」と、温泉やレストラン、ホテルやコテージなど屋内施設で構成される「湯楽里」に分かれている。

オートサイトはA・B・Cの3区画に分かれ、いずれのサイトもAC電源完備。Aサイトはテントサイトとしても利用可能だ。サイト内にシャワー棟は無いが、入浴は湯楽里本館の温泉へ。チェックイン時から3回まで入浴できる、お得な「入湯手形」を販売している。

キャンプ初心者や小さい子どもがいる家族には、フル装備のコテージやゲストハウスがオススメ。コテージへは湯楽里のロビーから吊り橋を渡って移動できるので、子どもたちもきっと大喜びするはず。

コテージへは吊り橋を渡って移動できる。夜はライトアップされて、とても美しい。

写真はCサイト。トイレや流し台、芝生広場にも近いので、子連れのキャンプには、Cサイトが一番使いやすいかも。

湯楽里の人気は、何と言っても温泉。山間部では珍しい、ミネラルをたっぷり含んだ潮湯。

子供がまだ小さいので、テント泊は難しいかも…というファミリーには、真新しいゲストハウスがオススメ！

料金表

1泊料金

入場料 なし

宿泊施設

コテージ 13,000円＋管理料
管理料 中学生以上1,100円
小学生550円、幼児無料

ゲストハウス 15,000円＋管理料
管理料 中学生以上2,200円
小学生1,100円、幼児無料

オートサイト

基本料 小学生以上1人200円
持込テント1張2,000円
〃 1人用1張1,000円
持込タープ1張1,000円
キャンピングカー1台3,000円
電気使用料1日300円
炊飯棟基本料1,000円+
3歳以上1人100円

日帰り料金

オートサイト

基本料 小学生以上1人100円
持込テント1張1,000円
持込タープ1張1,000円
電気使用料1日300円
炊飯棟基本料1,000円+
3歳以上1人100円

レンタル料金

テント1張3,000円、タープ1張1,500円、毛布1枚300円、草ソリ1台100円、マット1枚500円
（販売）薪1束 300円

注意事項

直火	直火は不可。炊事棟があるので、調理はそこを利用しよう
花火	花火や焚き火は不可
ゴミ	ゴミは各自持ち帰り。使用済みの炭は、バーベキュー棟の炭捨て場へ

近場のスポット！

湯前まんが美術館

住所：球磨郡湯前町1834-1
TEL：0966-43-2050

クルマで5分の場所にある「湯前まんが美術館」。湯前町出身の政治漫画家・故那須良輔氏の作品を、約7000点収蔵・展示している。常設展示室には、書斎を復元したコーナーもある。

山間部

ばるんばるんのもり

大分県 バルンバルンの森

管理棟　デイキャンプOK　宿泊棟　テントサイト　オートサイト　AC電源　水洗トイレ　シャワーなど　レンタル用品　フリーWi-Fi

予・問 「バルンバルンの森」ホームページ・オンライン予約サイトから　(現地/9時～17時、火・水休み) TEL0979-52-3020

現地住所 中津市本耶馬渓町曽木459-9

受付開始 (一般及びweb予約)利用の60日前から受付。利用の2日前からは電話のみ ※プランや人数により予約方法が異なる

定休日 火・水曜日(宿泊できるのは木～日曜日) ※GW、夏休みなどの繁忙期を除く

開設期間情報 1 2 3 4 5 6 7 8 9 10 11 12

宿泊	(持込テント) ▶ in 13:00～ ◀out 翌10:30 (森の小屋 / キャンピングトレーラー) ▶ in 15:00～ ◀out 翌10:30
日帰り	▶ in 11:00～ ◀out 16:00

管理人 通常9:00～17:00常駐

管理棟、読書室、カフェ、ツリーハウス、手作りブランコ、石窯(予約制)、家族風呂(予約制)、シャワー室、トイレ、炊事棟など

シャワー＆ランドリー

共同のシャワー室(無料)と、家族風呂(予約制・5人まで/45分・2,000円)完備。近隣に温泉施設もあり

アクセス

東九州自動車道・中津I.Cから、国道212号線経由で、約24分

宿泊棟数・サイト数

宿泊施設
森の小屋 9棟
木製キャンピングトレーラー1棟

テントサイト
星空満天フリーサイト
(AC電源完備)2区画
(AC電源なし)20張

リトルファミリーグランピング
※春休み限定(1日1組限定)

冬の大人のグランピング
※冬季限定(1日1組限定・大人のみ)

オートサイト
ツリーハウス側オートサイト
(AC電源完備)1区画

広々ゆったり区画サイト
(AC電源完備)1区画

Pick Up!!

受付横にある読書室「ヨムネルの巣」。絵本や料理本まで幅広く揃えている。ハンモックが吊るされており、ここでも読書を楽しめる。滞在中は無料で利用できるので、是非、利用してみよう。

訪れるたび、進化している森のキャンプ場

静寂な森の中にある「バルンバルンの森」。廃園寸前だったキャンプ場を、夫婦ふたりで「森に訪れた人たちの笑顔が増えますように…。」という思いで、リノベーション。現在もコツコツと手を加え、訪れるたびに進化しているので、定期的に訪れても飽きない魅力がある。

宿泊施設は、タイプの異なる「森の小屋」9棟、木製キャンピングトレーラー1棟。フリーのテントサイト、オートサイトのほか、春休みと冬期に1日1組限定で宿泊できるグランピングが登場。テントサイトとオートサイト、日帰りで利用する場合は、人数分の利用料が必要。一部レンタル品を除き、日用品は準備されていないが、ちょっぴりの不便を逆に楽しみながら、森の中でゆっくり過ごしたいというファミリーにピッタリ。

場内には他にも、カフェや読書室を併設。子どもたちに大人気のツリーハウスもある。はしごで登ったり写真を撮ったり、自由に楽しもう！

安全で環境負荷の少ない素材を使っているキャンピングトレーラー。寝具、BBQコンロセット、焚火セットなどが利用料金に含まれるので、キャンプ初心者にもピッタリ。

宿泊とday利用者のみが利用できる場内のカフェで、のんびりひと息！手づくりのバスクチーズケーキが人気。

宿泊棟「森の小屋」は、全てタイプが異なり全部で9棟。写真はスタンダード4人【草花】。宿泊棟では唯一、ペット同伴可(ペットは1匹につき500円)。

グランピングは、冬と春のみ登場(1日1組限定)。ファリミーで利用できるのは、春休みの「リトルファミリーグランピング」。

料金表

1泊料金

入場料 なし

宿泊施設

森の小屋 special room【chigru】
1棟・3人まで(平日)15,500円～

森の小屋　カフェスタイル
1棟・3人まで(平日)14,000円～

森の小屋　スタンダード
1棟・2人～(平日)9,500円～

木製キャンピングトレーラー
1棟・2人まで(平日)24,000円～

テントサイト・オートサイト

星空満天フリーサイト
(平日)1張3,500円+テントサイト利用料

ツリーハウス側オートサイト
(平日)5,500円+テントサイト利用料

広々ゆったり区画サイト
(平日)5,500円+テントサイト利用料

テントサイト利用料
4歳～中学生500円、高校生～大人800円、ペット(犬・猫)1匹500円

日帰り料金

宿泊施設

ピクニック小屋
1棟5,000円+day利用料

テントサイト

持ち込みピクニック・デイキャンプ
day利用料
4歳～中学生500円、高校生～大人1,000円

レンタル料金

詳細はHPを参照

注意事項

直火	直火は不可。焚き火台などの利用を
花火	手持ち花火のみ指定の場所で、21時まで可能
ゴミ	ゴミは各自で持ち帰ろう

近場のスポット！

青の洞門

住所：中津市本耶馬渓町曽木
TEL：0979-52-2211
(問：中津市本耶馬渓支所地域振興課)

クルマで約5分の場所にある「青の洞門」。禅海和尚が30年もの月日を費やして完成させたと伝えられるトンネル。初夏はネモフィラ、秋には紅葉が見頃で、本耶馬渓の代表的なドライブスポットだ。

山間部

ふくかけまつきゃんぷじょう

熊本県 服掛松キャンプ場

管理棟

デイキャンプOK

宿泊棟

テントサイト

オートサイト

AC電源

水洗トイレ

シャワーなど

レンタル用品

フリーWi-Fi

予・問 「服掛松キャンプ場」のホームページ・オンライン予約サイトから　(現地・問合わせ) TEL0967-83-0249

現地住所 上益城郡山都町長崎361

受付開始 利用の3ヵ月前の1日から予約サイトで受付 https://www.fukukake.com

定休日 なし

開設期間情報 ❶❷❸❹❺❻❼❽❾❿⓫⓬

宿泊	(ログハウス) ▶in 15:00〜 ◀out 翌11:00 (テントサイト / オートサイト) ▶in 12:00〜 ◀out 翌12:00
日帰り	(フリーサイト / オートサイト) ▶in 9:00〜 ◀out 18:00

INFORMATION

管理棟、炊事棟、お湯の出る洗い場、コインシャワー、BBQグリル洗い場など

管理人 通常9:00〜18:00常駐
※GWや夏期は時間延長で在中

シャワー＆ランドリー

田舎ログハウス内には五右衛門風呂、ログハウス内にはシャワー完備。管理棟後方に、温水シャワー室(5分間・100円)あり※予約時に要確認

宿泊棟数・サイト数

宿泊施設
ログハウス(5人用)6棟
(10人用)2棟
田舎風ログハウス(6人用)3棟

テントサイト
フリーサイト(区画なし)
通常約50組

オートサイト
オートサイト12区画
(AC電源完備)

その他 なし

アクセス

九州中央自動車道・山都中島西I.Cから、国道445・218・265号線経由で、約35分

Pick Up!!

場内には、コンビネーション遊具があり、子どもたちはここで遊ばせよう。また広いサイトは、芝生の手入れがされているので、転んでも大丈夫。バドミントンなども持ってくるといいかも。

九州最大級の広さ！長年人気のキャンプ場

九州中央山地に囲まれた、九州最大級の規模を持つ「服掛松キャンプ場」。場内はフリーのテントサイトを中心に、オートサイトとログハウスで構成されている。少人数からグループでの利用にも対応できる種類と広さが自慢で、長年キャンパーから愛されている。予約は、サイトからのみの受付なので、早めに予約を入れた方が良いだろう。

フリーサイトは、4つのエリアに分かれている。「管理棟前フリーサイト」は、管理棟やトイレの目の前で、子どもが遊べる遊具が点在しているので、子連れにはこちらがオススメ。他に展望サイト、フリーサイトB東、フリーサイトB西があり、家族構成に合わせて選ぶといいかも。

田舎風のログハウス（3棟）には囲炉裏や五右衛門風呂が備えられおり、気軽に田舎体験ができる。オートサイトは全てAC電源付きで12区画あり、キャンピングカーでの利用も可能だ。

2階建のログハウス（5人用）。コンパクトでファミリー向き。冬季はガスファンヒーターもあり。

ゴールデンウィークや夏休みなどのシーズン中は、たくさんのキャンパーが集まる人気のキャンプ場。予約は早めの方がよさそう。

場内には、傾斜を利用したこんなに長い滑り台も配備。

こちらは五右衛門風呂やかまど、囲炉裏が付いた、「田舎ログハウス」。宿泊施設は少人数からファミリー、グループ向けなどさまざま。部屋のタイプや予算に合ったものを選ぼう。

料金表

1泊料金

入場料（小学生以上）1人400円

宿泊施設

ログハウス(5人用)11,000円
(10人用)22,000円

田舎風ログハウス（6人用）
28,000円

テントサイト

フリーサイト4エリアあり
・管理棟前フリーサイト
・展望サイト
・フリーサイトB東
・フリーサイトB西
いずれも 大人1,000円、
小学生500円、未就学児無料

オートサイト

オートサイト1区画 4,000円

日帰り料金

入場料（小学生以上）1人200円

宿泊施設 日帰りの利用はなし

テントサイト

フリーテントサイト
大人1人500円、小学生以下無料

オートサイト 日帰りの利用はなし

レンタル料金

テント（4人用）3,000円～、タープ（L）2,000円～、テーブル500円、チェア400円、BBQグリルセット1,500円、封筒型寝袋400円、毛布（アクリル毛布シングル）300円、LEDランタン（L）1,200円など

注意事項

直火	直火は不可。焚き火は焚き火台を使用。炊事棟があるので、調理はそちらを利用しよう
花火	手持ち花火はできるが、打ち上げ花火は不可
ゴミ	ゴミは各自で持ち帰ろう

近場のスポット！

通潤橋（つうじゅんきょう）

住所：上益城郡山都町長原
TEL：0967-72-1158
（問：山都町山の都創造課）

クルマで約30分の場所に、「通潤橋」がある。農業用水を送るために建設され、日本最大のアーチ水道橋重要文化財に指定。放水日は決まっているので、問い合わせて出かけてみよう。

福岡県 平尾台自然の郷キャンプ場

ひらおだいしぜんのさと きゃんぷじょう

管理棟

デイキャンプOK

宿泊棟

テントサイト

オートサイト

AC電源
水洗トイレ

シャワーなど

レンタル用品

フリーWi-Fi
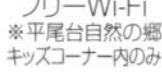
※平尾台自然の郷キッズコーナー内のみ

予・問 TEL093-452-2715（代表TEL・問合わせは営業時間内）3月〜11月 9時〜17時 / 12月〜2月 10時〜16時

現地住所 北九州市小倉南区平尾台1-1-1

受付開始 宿泊は利用日の2ヵ月前、日帰りは利用日の1ヵ月前から電話で受付

定休日 火曜日　※祝日の場合翌日、12月29日〜1月3日 ※1月1日は初日の出会

開設期間情報

1 2 3 4 5 6 7 8 9 10 11 12 ※日帰りは通年

宿泊	▶in 10:00〜 ◀out 翌10:00
日帰り	▶in 10:00〜 ◀out 17:00 （冬期） ▶in 10:00〜 ◀out 16:00

INFORMATION

管理人 通常9:00〜17:00常駐
※宿泊者がいる場合 24時間常駐

管理棟、炊事等、コインシャワー【ヴィレッジゾーン・広場ゾーン】ゆ〜遊広場、北展望台、ドリーネデッキ、野草園、のびのび広場、工房、レストラン・土産品ショップ、高原音楽堂など

シャワー＆ランドリー

場内に温水シャワー完備（5分/・100円）。利用時間は10:00〜21:00まで
※100円硬貨の用意が必要

宿泊棟数・サイト数

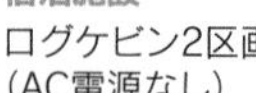

宿泊施設
ログケビン2区画
（AC電源なし）

テントサイト
広場サイト（フリーサイト）
11区画

オートサイト
区画サイト11区画
（AC電源なし）

その他 なし

アクセス

九州自動車道・小倉南I.Cから、国道322号線、県道28号線経由で、約20分

Pick Up!!

4月～11月(土・日・祝日)には、蒸気機関車型連結バス「きたぽっぽ」、その他の日は「ランドカー」が、園内を運行する。平尾台の眺めをゆっくり楽しもう。
●4才以上1乗車100円

遊び場や体験施設も豊富に揃うキャンプ場

山口県の秋吉台とならぶ日本有数のカルスト台地、平尾台。カルスト台地の自然やそこに生きる動・植物と親しめる。

キャンプ場に接している施設内では、レストランやショップ、展望台などがある「ヴィレッジゾーン」と、多目的広場や野外音楽堂、ちびっ子向け遊具などが広がる「広場ゾーン」とに区分されている。キャンプ場には、オートサイト11区画、ログケビン付きオートサイト2区画、テント用の広場サイト11区画が揃う。オートサイト、ログケビンはいずれもAC電源の備え付けは無いので、比較的、アウトドア慣れしたファミリー向きの施設と言える。

場内には炊事棟、水洗トイレ、コインシャワーなどを完備。キャンプ道具は全て持ち込みが基本で、レンタル用品は故障や忘れた場合のみの貸し出しなので、ご注意を!

料金表

1泊料金

入場料 なし
宿泊施設
ログケビン付きオートサイト
11,500円
テントサイト
広場サイト1区画3,000円
オートサイト
区画サイト(1台)1区画4,500円

日帰り料金

入場料 なし
宿泊施設
ログケビン付きオートサイト
7,000円
テントサイト
広場サイト1区画1,950円
オートサイト
区画サイト(1台)1区画3,000円

レンタル料金

タープ、テント(5人用)3,000円、テーブル1,000円など ※レンタルの予約は受け付けていない。故障や忘れた場合のための貸し出し用なので、必要なものは全て持参しよう

管理棟には、燃料の販売やレンタル用品の受付も。キャンプ道具は、全て持ち込みが基本。忘れ物がないか、出かける前にチェックしよう!

キャンプ場に2棟だけあるログケビン付きオートサイト。AC電源などは備わっていない。

隣接する公園内では遊具広場で遊んだり陶芸体験もできる。詳細はHPをチェック!

注意事項

直火	直火は不可。区画内にはコンクリートエリアがあるので、調理はそちらで
花火	場内での花火は全て不可
ゴミ	ゴミは各自で持ち帰ろう

キャンプ場横の小高い丘は、草ソリ場になっているので、たくさんの子どもたちがここで遊んでいる。ソリは貸し出しあり(2時間300円)。

こちらはオートサイト。隣りとのしきりに柵があり、1区画あたりはかなり広め。

近場のスポット!

千仏鍾乳洞
住所:小倉南区平尾台3-2-1
TEL:093-451-0368
クルマで約5分の場所に「千仏鍾乳洞」がある。国の天然記念物に指定されており、冒険気分が味わえる洞窟。キャンプ場から近いので、帰りに寄ってみては。

熊本県

せのもとこうげんおーときゃんぷじょう
瀬の本高原オートキャンプ場

管理棟　デイキャンプOK　宿泊棟　テントサイト　オートサイト　AC電源　水洗トイレ　シャワーなど　レンタル用品　フリーWi-Fi

予・問　「瀬の本高原オートキャンプ場」のホームページ・オンライン予約サイトから（現地・問合わせ）TEL0967-44-0013

現地住所　阿蘇郡南小国町満願寺5621-7

受付開始　利用の3ヵ月前から予約サイトで受付。当日受付エリアあり

定休日　瀬の本レストハウスと同じ休館日あり

開設期間情報

1 2 3 4 5 6 7 8 9 10 11 12

宿泊	▶in 13:00〜 ◀out 翌11:00 ※前日に空区画がある時は、当日9時より受付後利用可
日帰り	▶in 9:00〜 ◀out 16:30

管理人 GW及び夏休みのみ18:00〜21:00常駐
それ以外はレストハウス内にスタッフが常駐

管理棟、炊事棟、コインシャワー、レストハウス本館及び別館、コンビニなど

シャワー＆ランドリー

管理棟横には、コイン温水シャワー（1回・100円）が設置されている

宿泊棟数・サイト数

宿泊施設 なし

テントサイト
フリーテント30張り

オートサイト
区画サイト35区画
（AC電源付きは3区画のみ）
オートフリーサイト15張

その他 なし

アクセス

九州自動車道・九重I.Cから、やまなみハイウェイ経由で、約50分

Pick Up!!

レストハウス裏は、区画されていない芝生のグラウンド(フリーテントサイト)。キャンパーが少ない時なら、野球やバドミントンなどで思い切り遊べそう。周囲には注意して!

新緑の季節から初秋までできる高原のキャンプ場

大分と熊本の県境に広がる瀬の本高原の“ランドマーク”とも言えるのが、瀬の本レストハウスだ。この建物の奥に4月～10月、「瀬の本高原オートキャンプ場」が開設されている。

キャンプ場はレストハウス裏のテント持込ゾーン(グラウンド)と、その奥の区画サイト、そしてオートフリーゾーンの3ブロックで構成されている。オートサイトの区画サイト以外は、当日受付のみ。GWなどは混雑が考えられるので、早めに受付を済ませた方がいいかも。

AC電源があるのは区画サイトの3区画のみ。、管理棟にはコインシャワー、水洗トイレを完備。徒歩で往復できるレストハウス内にもレストランや売店、コンビニがあるので便利。また、このあたりは温泉施設が点在している。すぐ近くの瀬の本 高原ホテルの温泉や、車で10分ほどの場所に黒川温泉郷もあるので、利用してみては。

ドライブの休憩施設として人気の瀬の本レストハウス。キャンプの受付もここで。2階にはレストランも入っている。

瀬の本レストハウスの裏にあるフリーテント(グラウンド)。トイレやシャワーも近くにある。

使用後の炭はここに捨てることができるので、助かる。炭以外のものは入れられないので注意。

区画サイトのAC電源付きは3区画のみなので、予約は早めに。キャンプ初心者や、家電も上手に使いたいという人にはオススメだ。

料金表

1泊料金

入場料 なし

宿泊施設 なし

テントサイト
※予約不可(当日受付)
テント持込ゾーン(グラウンド)
1張り3,500円
※車乗入れ不可

オートサイト
区画サイト※予約可
(AC電源あり/3区画のみ)5,5000円
(AC電源なし)4,500円

オートフリーゾーン(車乗入れ可)
※当日受付
1張り3,500円、
車2台目～1,100円、

日帰り料金

デイ 1人500円

レンタル料金

レンタル用品はなし

木陰もたくさんあるので、タープなどが必要無い場所も。

注意事項

直火	直火は不可。炊事棟があるので、調理はそちらを利用しよう
花火	手持ち花火はでできるが、打ち上げ花火は不可
ゴミ	ゴミは分別し、管理棟近くのゴミステーションへ

近場のスポット!

野外劇場 TAOの丘 TAO HOUSE

住所:竹田市久住町白丹7571-2
TEL:0974-76-0950 (有料施設)

クルマで5～6分の場所に「野外劇場TAOの丘」がある。定期的にDRUM TAOのライブが行われるほか、施設内では、DRUM TAO衣装や資料の展示、グッズショップやカフェを併設。

福岡県

岩屋キャンプ場

いわやきゃんぷじょう

管理棟　デイキャンプOK　宿泊棟　テントサイト　オートサイト　AC電源　水洗トイレ　シャワーなど ※コテージのみ　レンタル用品　フリーWi-Fi ※管理棟・コテージのみ

予・問 TEL0946-23-8423(現地)

現地住所 朝倉郡東峰村宝珠山4171

受付開始 利用の3ヵ月前から電話で受付

定休日 なし

開設期間情報  1 2 3 4 5 6 7 8 9 10 11 12

宿泊	(テントサイト) ▶in 12:00～ ◀out 翌11:00 (コテージ) ▶in 15:00～ ◀out 翌11:00
日帰り	▶in 10:00～ ◀out 16:00 ※予約状況で変動あり

管理人 通常9:00～17:00常駐

管理棟、炊事場、山村広場、野外ステージなど

シャワー&ランドリー

コテージ内にはシャワー完備(テントサイト利用者は最寄りの入浴施設をご利用ください)

宿泊棟数・サイト数

宿泊施設
バンガロー3棟
コテージ(5人用)7棟

テントサイト
フリーサイト10張

オートサイト
電源付区画サイト7区画
※普通車・大型車共通
(6.5m×7.8m)

その他
なし

アクセス

大分自動車道・杷木I.Cから、国道386・211号線、県道52号線を経由で、約30分

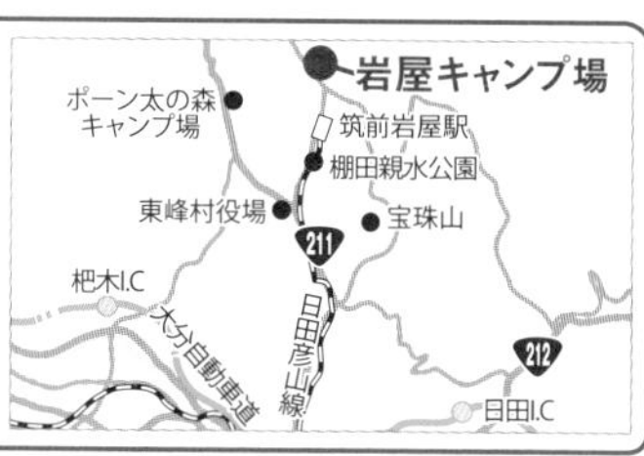

Pick Up!!

管理棟内は休憩所も兼ねた「すてら文庫」を併設。絵本や図鑑など、自然やアウトドアに関する本を約500冊所蔵している。コテージ利用者は、部屋まで貸出可。

生まれ変わったオシャレな森のキャンプ場

福岡と大分との県境、朝倉郡・東峰村内に位置する「岩屋キャンプ場」。緑あふれる場内には、宿泊棟の「森のコテージ」、そして、テントサイトとオートサイトの「星空オートキャンプ」がある。

2019年にキャンプ場を全面改装。木の名前が付けられたコテージは7棟。シャワー室やキッチン、その他の備品等もすべて一新され、キャンプ初心者でもより快適に楽しめるようになった。そのほか、バンガロー3棟もある。星空オートキャンプの方は、広々とした空間に、自由にテントを張れるフリーサイトと、AC電源が備わった区画サイト。場内には大きなステージもあり、グループでのイベントにも活用できる。

管理棟内には、休憩スペースを兼ねた図書スペース「すてら文庫」を併設。絵本のほか図鑑も置いているので、かわいい野花や、つかまえた虫を調べてみるのも楽しそう。

「星空オートキャンプ」のフリーサイト。手入れの行き届いた芝生が広がり、のびのびとキャンプを楽しめる。夜になると(写真下)、あたりは真っ暗に。満天の星を眺めたり、虫の声を聞いて、アウトドアを満喫しよう。

区画サイトにはAC電源が完備されているので、炊飯器などの家電品にも対応で安心。

別荘感覚で過ごせるコテージ。室内はWi-Fiが繋がり、ソファーでゆっくりくつろげる。キッチンも設備や備品を全て一新し、快適に過ごせそう。

料金表

1泊料金

入場料 なし

宿泊施設
バンガロー(通年)5,500円
コテージ(定員5人)16,500円
※繁忙期は19,800円
※繁忙期…7月～9月、5月6月10月の土日祝前日、GW
※福岡県宿泊税1人1泊200円

フリーサイト
(通年)1人550円
＋1,100円/1張

電源付 区画サイト
(通年)1人550円
＋2,200円/1区画

日帰り料金

1人330円＋サイト料金

レンタル料金

バーベキューセット(バーベキューコンロ・網・トング・着火剤・バケツ・うちわ・軍手)1,650円

受付は管理棟で。テント、タープ、BBQセット、調理道具などのレンタルのほか、木炭や薪の販売もここで行っている。

注意事項

直火	直火は不可。炊事棟があるので、調理はそちらを利用しよう
花火	手持ち花火はでできるが、打ち上げ花火は不可
ゴミ	村指定袋使用のみ引き取り可。袋代30L200円、45L300円

近場のスポット!

里山カフェ棚田屋

住所:朝倉郡東峰村宝珠山5171-1
TEL:0946-23-8400
※金・土・日・祝のみ営業(11時～15時)
クルマで5分ほどの場所にあるカフェ。このエリアでとれた棚田米と地元食材、「日本の名水百選」に選定された岩屋湧水で調理した定食が人気。

熊本県

四季の里 旭志（しきのさと きょくし）

管理棟　デイキャンプOK　宿泊棟　テントサイト　オートサイト　AC電源　水洗トイレ　シャワーなど　レンタル用品　フリーWi-Fi

予・問 「四季の里 旭志」のホームページ・オンライン予約サイトから　(現地・問合わせ) TEL0968-37-3939

現地住所 菊池市旭志麓2934-10

受付開始 3ヵ月前の1日(10:00)から予約サイトで受付

定休日 木曜日　※祝日、夏休み期間中は無休

宿泊	(ログハウス / バンガロー) ▶ in 14:00〜 ◀out 翌10:00 (フリーサイト / オートサイト) ▶ in 14:00〜 ◀out 翌11:00
日帰り	(フリーサイト / オートサイト) ▶ in 11:00〜 ◀out 17:00

INFORMATION

管理人 宿泊者がいる場合24時間常駐

キャンプ管理棟、ログハウス管理等、炊事棟、バーベキューハウス、しゃくなげ園、野外ステージ、ふれあい動物広場など

シャワー＆ランドリー

ログハウスエリア内に、乾燥機＆洗濯機あり。シャワーはなし

宿泊棟数・サイト数

宿泊施設

ログハウス ペット同伴可3棟
ペット同伴不可5棟
バンガロー2棟

テントサイト

芝生広場サイト
(テント1張・タープ1張まで)
フリーサイト14張
ウッドデッキサイト8基

オートサイト (AC電源完備)

林間オートサイト 13区画
見晴らしオートサイト 9区画
グループサイト 4区画

アクセス

九州自動車道・熊本I.Cから、国道57号・325号を経由し、菊池方面へ約40分

Pick Up!!

カンガルー、ワラビーなどの動物たちを集めた「ふれあい動物広場」。手渡しでのエサやり体験もできる。
●入園料大人300円、小学生150円、未就学児無料

家族みんなで楽しめる、充実した設備の数々

菊池市旭志。鞍岳へと向かう菊池グリーンロードの途中、標高500mの山間に広がる複合施設が「四季の里 旭志」だ。2021年4月に運営母体が変わり、施設形態を少しずつ変更していることで、利便性も高まっている。

キャンプ場は8棟のログハウス（ペット同伴可は3棟）、2棟のバンガローのほか、フリーのテントサイトは芝生サイト、オートサイトなどで構成されている。オートサイトは全区画にAC電源が完備され、より便利になった。また、バーベキューだけ楽しみたいという家族にはBBQハウスがオススメ。バーベキュー台と場所のみ使用することができる「持ち込みプラン」や、食材などもセットになった「BBQセットプラン」が選べる。

近くには、カンガルーやワラビーなどの動物たちを集めた「ふれあい広場」もある。春には、可愛い動物の赤ちゃんを見られることもある。日帰り、宿泊のどちらでも、家族や仲間みんなで楽しい時間を満喫できるはず。

季節ごとに様々なイベントを行っている。施設ホームページでも案内しているので、イベント日程に合わせて出かけてみてはいかが。

すべり台などのアスレチック遊具も備わっている。子どもたちは、ここで思い切り遊ぼう！

天候を気にせず気軽にバーベキューが楽しめる「BBQハウス」も是非利用してみよう。

オートサイトはAC電源付きで、眺めのよいサイトや、大人数で利用できるグループサイトもある。

料金表

1泊料金

入村料
中学生以上270円、小学生140円、未就学児無料

ペットの持ち込み料金は1匹につき3,000円
2匹目以降は、1匹1,500円

宿泊施設
ログハウス・バンガロー（定員8人まで）
ログハウス(4人まで)11,000円～
バンガロー(4人まで)8,800円～
5人目からは、中学生以上1,100円
小学生500円、未就学児無料

テントサイト
芝生広場サイト3,500円～
フリーサイト1,980円～
ウッドデッキサイト1,980円～

オートサイト
林間オートサイト5,500円～
見晴らしオートサイト5,720円～
グループサイト6,930円～

日帰り料金

入村料
中学生以上270円、小学生140円、未就学児無料

宿泊施設 日帰りの利用はなし

テントサイト・オートサイト
料金は日帰りと同じ
※芝生サイトの日帰りの利用はなし

レンタル料金

レンタル用品はなし

注意事項

直火	直火は不可。焚き火台と焚き火シートの使用が必要
花火	所定の場所で、手持ち花火のみ可。22時まで
ゴミ	ゴミは全て持ち帰ろう

近場のスポット！

道の駅 旭志
住所：菊池市旭志川辺1886
TEL：0968-37-3719
「道の駅 旭志」は、名物・旭志牛を用いた料理が堪能できる食彩館や地元物産館の他、緑広がる12000㎡のふれあい公園など、絶好の休憩ポイントとなっている。

ひなもりおーときゃんぷじょう

宮崎県 ひなもりオートキャンプ場

管理棟

デイキャンプOK

宿泊棟

テントサイト

オートサイト

AC電源

水洗トイレ

シャワーなど

レンタル用品

フリーWi-Fi
※管理棟のみ

予・問 TEL0984-23-8100(現地)

現地住所 小林市細野字山中ノ前5739-14

受付開始 利用の3ヵ月前から電話かホームページ・予約フォームで受付

定休日 なし

開設期間情報 1 2 3 4 5 6 7 8 9 10 11 12

宿泊	(キャビン) ▶ in 14:00～ ◀out 翌11:00 (オートサイト) ▶ in 14:00～ ◀out 翌13:00
日帰り	▶ in 9:00～ ◀out 15:00

管理人 通常8:30～19:00常駐
※宿泊者がいる場合 24時間常駐

センターハウス(管理棟)、サニタリーハウス、木製遊具広場、広場サイトなど

シャワー＆ランドリー

キャビンにはシャワー完備。サニタリーハウスには温水シャワーあり(5分100円)。洗濯機・乾燥機1回各200円

アクセス

宮崎自動車道・小林I.Cから、県道104号線経由で、約20分

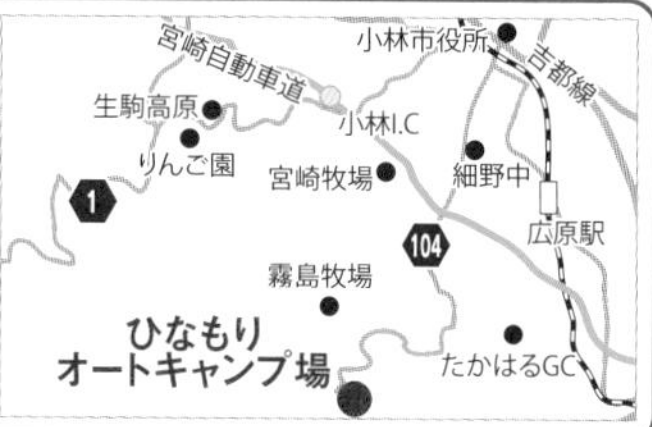

宿泊棟数・サイト数

宿泊施設
キャビンA 5棟、B 3棟、C 2棟

テントサイト
広場サイト(フリーサイト)20棟

オートサイト
【普通車】(AC電源20A)
個別サイト 59区画
グループサイトA 4区画
グループサイトB 4区画

【大型車】(AC電源30A)
キャンピングカーサイト6区画

その他 なし

Pick Up!!

場内には2カ所アスレチック遊具がある。、宮崎県産木を使用しており、環境にも優しい。他にもマウンテンバイクのレンタルもあるので、周囲の散策をしてみては。

九州屈指の大型オートキャンプ場

霧島の雄大な自然に囲まれた「ひなもりオートキャンプ場」。場内はかなり広く、さまざまなタイプのサイトが揃う。オートサイトはプライバシーを重視した個別サイト、キャンピングカーサイト、広場サイトなどに区分されており、2～3人用から、6～7人用の3種類が揃うキャビンもある。キッチンやガスレンジ、冷蔵庫、テレビ、寝具、水洗トイレ、温水シャワー、エアコンが完備。

場内には、シャワートイレや脱衣所付きのシャワー室、乾燥機付きランドリーが付いたサニタリーハウスもあり、連泊にも最適。

また、遊び方もいろいろ！ 県産木を使ったアスレチック遊具のほか、レンタルのマウンテンバイクで森を散策したり、夜は花火やキャンプファイヤーも。イベントでは木工教室も行われるので、子どもたちは是非参加して欲しい。

管理棟内。奥には売店も完備しているので、燃料やアイスクリームなどはここで。

キャビンには、キッチン、ガスレンジ、冷蔵庫、電子レンジ、炊飯用具のほか、寝具一式が備わった充実の設備だ。

サニタリーハウスの温水シャワー室。広い脱衣所も完備なので、子連れでも安心だ。

広場サイト（フリーサイト）にはAC電源は備わってないが、指定した駐車場に車を止めて、自由にテントを張ることができる。

料金表

※価格は通常料金を記載。各種割引あり。予約時に要問合せ

1泊料金

入場料 なし

宿泊施設
キャビン A(6～7人)15,100円
B(4～6人)10,600円
C(2～3人)6,900円

テントサイト
広場サイト・大人(高校生以上)1,400円
中学生700円、小学生700円

オートサイト
個別サイト4,700円(AC電源20A)
グループサイトA・10,500円(3台駐車可)
グループサイトB・7,900円(2台駐車可)
キャンピングカー・6,100円(AC電源30A)

日帰り料金

宿泊施設
キャビン A(6～7人)7,550円
B(4～6人)5,300円
C(2～3人)3,450円

テントサイト
広場サイト・大人(高校生以上)700円
中学生350円、小学生350円

オートサイト
個別サイト2,350円(AC電源20A)
グループサイトA・5,250円(3台駐車可)
グループサイトB・3,950円(2台駐車可)
キャンピングカー・3,050円(AC電源30A)

レンタル料金

テント一式2,000円、タープ一式500円、毛布200円～、バーベキューコンロ400円～、折りたたみテーブル400円、炊飯用具セット600円、食器セット300円など

注意事項

直火	直火は不可。炊事棟があるので、調理はそちらを利用しよう
花火	指定の場所で手持ち花火はできるが、打ち上げ花火は不可
ゴミ	ゴミはきちんと分別し、回収場所へ

近場のスポット！

生駒高原

住所：小林市南西方8565
TEL：0984-27-1919

クルマで約30分の場所に「生駒高原」がある。春は菜の花の黄色、秋はコスモスのピンクが園内一色に染まる。園内にはカフェも併設されているので、ゆっくりできそう。

げんじいのもり
福岡県 源じいの森

管理棟

デイキャンプOK

宿泊棟

テントサイト
オートサイト

AC電源

水洗トイレ

シャワーなど

レンタル用品

フリーWi-Fi
※受付・ほたる館のみ

予・問 TEL0947-62-2911（現地・ほたる館）

現地住所 田川郡赤村大字赤6933-1

受付開始 利用の6ヵ月前から電話で受付。7月・8月分は、1月4日から受付

定休日 年末年始

開設期間情報 ①②③④⑤⑥⑦⑧⑨⑩⑪⑫

宿泊	（ロッジ / ガーデンホーム / ほたる館） ▶ in16:00～ ◀out 翌10:00 （バンガロー） ▶ in13:00～ ◀out 翌10:00 （キャンプ） ▶ in13:00～ ◀out 翌12:00
日帰り	▶ in 9:00～ ◀out 17:00

管理人 通常9:00～17:00常駐
※宿泊者がいる場合 24時間常駐

管理棟、炊事棟、ほたる館、東屋、休憩所、遊歩道、ほたる橋、石坂トンネル、源じいの森温泉など

シャワー＆ランドリー

ロッジは風呂完備、5人用バンガローはシャワー完備。場内「源じいの森温泉」（キャンプ利用者は割引あり）もある

宿泊棟数・サイト数

宿泊施設
ロッジ（5人用）2棟
（10人用）1棟
バンガロー（5人用）8棟
（13人用）2棟
ドームハウス1棟

テントサイト
キャンプ場・リバーサイドガーデン、グリーンシャワーカーテンの2エリア

オートサイト なし

その他
ほたる館（和室）11室
（洋室）7室
ガーデンホーム・1台

アクセス

東九州自動車道・今川スマートI.Cから、県道34号線経由で、約20分

Pick Up!!

いっぱい遊んで汗をかいたら、「源じいの森温泉」でさっぱりしよう! 泉質はアルカリ性単純泉で、刺激が少ない優しいお湯。内風呂、露天風呂の他にも、家族風呂も備わっている。

森の空気がおいしい!自然いっぱいのキャンプ場

「緑と清流 ほたるの里」がキャッチフレーズの赤村にある「源じいの森」。施設の周囲を川がグルっと取り囲むように流れ、緑と清流に囲まれてのんびりとくつろげる施設だ。

気軽に日帰りキャンプを楽しみたいなら、川沿いにある「リバーサイドガーデン」「グリーンシャワーガーデン」のフリーテントサイトがオススメ。夏場は川で遊泳もできる(監視員はいないので自己責任で)。屋根付きの休憩所では、雨天にかかわらずバーベキューを楽しめる。

宿泊なら、ロッジ、バンガローに、トレーラーを利用したガーデンホーム、ほたる館に加え、ユニークな形のドームハウス(10人用)など、実にさまざまなタイプが揃う。

場内には、「源じいの森温泉」や、要予約で陶芸体験教室も。1日といわず連泊しても楽しめる施設だろう。

ユニークな形が目印の「ドームハウス」。キッチン、冷蔵庫、バス・トイレのほか、薪ストーブも備わり、インテリアもこだわっている。

ロッジ「ぐりむ」は大人10人がゆっくり過ごせる広さが自慢。冬場はペチカも灯り、冬キャンプの気分を高めてくれる。

こちらはグリーンシャワーガーデン側のキャンプ場サイト。横を流れる今川では泳ぐこともできる(遊泳は自己責任で)。

川沿いにある屋根付きの休憩所。かなりスペースがあり、大人数での利用も可能だ。

料金表

入場料
みどりの会費
(宿泊・日帰りいずれも必要)
(一般)中学生以上1人200円、小学生1人100円

1泊料金

宿泊税 1人200円

宿泊施設
ロッジ (5人用) 10,000円～
(10人用) 20,000円～
バンガロー (5人用) 7,500円～
(13人用) 11,000円～
ドームハウス (10人用) 43,000円～

テントサイト
キャンプ場・テント持ち込み料(5人用)
(平日)750円、(休日前)1,000円
+炊飯施設使用料(1団体)
1,000円

その他
ほたる館(休日前)大人3,950円
小学生2,900円、幼児1,800円
ガーデンホーム9,000円～

日帰り料金

宿泊施設 日帰りの利用はなし
テントサイト
宿泊料金と同額
※テント不可、タープのみ

レンタル料金

毛布1枚300円、包丁200円、飯盒300円、鍋300円、バーベキューセット(4人用木炭3キロ含む)2,000円

注意事項

直火	直火は不可。炊事棟があるので、調理はこちらを利用しよう
花火	手持ち花火はできるが、打ち上げ花火は不可
ゴミ	ゴミは各自で持ち帰ろう

近場のスポット!

道の駅 歓遊舎ひこさん
住所:田川郡添田町大字野田1113-1
TEL:0947-47-7039
ここからクルマで約20分の場所に、「道の駅 歓遊舎ひこさん」がある。足湯やりんご園、もも園、パン工房なども揃う充実した道の駅。子どもたちがたっぷり遊べるアスレチックもあり!

みさとのもりきゃんぷじょう がーでんぷれいす

山間部

熊本県

美里の森キャンプ場 ガーデンプレイス

管理棟

デイキャンプOK

宿泊棟

テントサイト

オートサイト

AC電源

水洗トイレ

シャワーなど

レンタル用品

フリーWi-Fi
※ロッジBBQハウスのみ

予・問 「ガーデンプレイス」のホームページ・オンライン予約サイトから （現地・問合わせ）TEL0964-48-0158

現地住所 下益城郡美里町畝野2999-1

受付開始 予約サイトで随時受付 https://misato-camp.com

定休日 水曜日 ※祝日・長期休みは開園

開設期間情報 1 2 3 4 5 6 7 8 9 10 11 12

宿泊	(ロッジ / バンガロー) ▶ in 15:00～ ◀out 翌10:00 (オートサイト / フリーサイト) ▶ in 14:00～ ◀out 翌12:00
日帰り	(ロッジ) ▶ in 11:00～ ◀out 14:00 (オートサイト / フリーサイト) ▶ in 11:00～ ◀out 16:00 (BBQハウス ※利用は基本2時間まで) ▶ in 9:00～ ◀out 18:00

管理人 通常8:30～17:00常駐

管理棟、バーベキューハウス、子どもの広場、ピクニック広場など

シャワー＆ランドリー

フォレストロッジDXにはユニットバス完備。場内にもシャワー棟あり（3分・100円）。または、要予約で五右衛門風呂（1室2,200円）あり

宿泊棟数・サイト数

宿泊施設

フォレストロッジDX
（10人用）4棟、（8人用）4棟

フォレストロッジS
（6人用・三角屋根タイプ）4棟
（6人用・丸屋根タイプ）4棟

フォレストバンガロー
（4人用・ログハウスタイプ）2棟
（4人用・山小屋タイプ）2棟

テントサイト フリーテントサイト

オートサイト オートサイト20区画（AC電源なし）

アクセス

九州自動車道・松橋I.Cから、国道218号線を美里町方面へ約20km。案内板に従い現地へ

Pick Up!!

場内にある石窯を使って、美味しいピザやパンづくりにチャレンジしてみよう。石窯の取り扱いなどは、受付時に要確認。
●2時間2,750円(2日前までに要予約)

ダム湖に隣接するキャンプ場で、アクティブに過ごそう

緑川ダム湖畔に広がる自然の中で、アウトドアを満喫できる「美里の森キャンプ場 ガーデンプレイス」。2021年4月にリニューアルされ、予約もホームページからスムーズにできるようになった。

場内にはフォレストロッジ(DX・S)、フォレストバンガロー(ログハウスタイプ/山小屋タイプ)などの宿泊施設やオートサイト、フリーのテントサイトが揃う。ロッジDXにはユニットバスやキッチン、食器、寝具、エアコンなどが完備なので、不自由なく利用できる。他にも2時間利用できるバーベキューハウスがあり、日帰りでの利用や大人数での利用の時に便利だ。

また、「フォレストアドベンチャー・美里」が隣接。ここは、森を活かしたアクティビティを体験できる施設で、日本最長の510mのジップスライドがあり、ダム湖をロープで横断できるので、チャレンジしてみては。

BBQハウスは屋根があるので、雨天時でも手軽にバーベキューが楽しめる。
BBQハウス利用・2時間2,200円

こちらはフォレストロッジDX。階段でロフトに上がれる。最大10人まで宿泊でき、裏庭ではバーベキューもできる。

予約をすれば、五右衛門風呂に入浴することができる。1室2,200円。

きれいに芝が整備されたオートサイト。区画もかなり広めで、テントやタープも余裕で建てることができる。

料金表

1泊料金

入場料 なし
宿泊施設
ロッジ・バンガロー管理費
1人330円必要(日帰りの場合も)
フォレストロッジDX
(10人用)16,500円
(8人用)15,400円
フォレストロッジS
(6人用)6,600円
フォレストバンガロー※宿泊のみ
(4人用)3,300円
テントサイト
フリーサイト テント1張 1,100円
タープ1張 600円
オートサイト 1区画 3,300円

日帰り料金

宿泊施設 管理費1人330円必要
フォレストロッジDX
(10人用)3,300円
(8人用)2,860円
※繁忙期は利用不可
フォレストロッジS
(6人用)2,200円
テントサイト
フリーサイト
日帰りも宿泊料金と同じ
オートサイト 1区画 1,100円
その他
バーベキューハウス
2時間2,200円、延長1時間1,100円

レンタル料金

多数あり。詳細はHPで要確認

注意事項

直火	直火は不可。炊事棟があるので、調理はそちらを利用しよう
花火	手持ち花火はできる(22時まで)が、打ち上げ花火は不可
ゴミ	ゴミは各自で持ち帰ろう。困難な時は有料(ゴミ袋2枚400円)で引き取ってくれる

近場のスポット!

フォレストアドベンチャー・美里
住所:下益城郡美里町畝野3083-1
TEL:080-8387-3310
キャンプ場に隣接する「フォレストアドベンチャー・美里」。森を活かしたアクティビティが楽しめる施設。中でもダム湖を横断する全長510mのジップスライドは、迫力満点だ。

へいせいしんりんこうえんきゃんぷじょう

大分県 平成森林公園キャンプ場

 管理棟
 デイキャンプOK
 宿泊棟
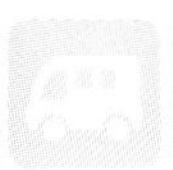 テントサイト
 オートサイト
 AC電源
 水洗トイレ
 シャワーなど
 レンタル用品
フリーWi-Fi

予・問 TEL097-588-0656（大分県県民の森管理事務所）

現地住所 大分市大字高原字ロクロ木

受付開始 4月1日から電話で受付

定休日 火曜日　※祝日の場合翌日

開設期間情報 ①②③❹❺❻❼❽❾❿⓫⑫ ※常設テント7月～9月（8月14日・15日は除く）

宿泊	▶in 11:00～ ◀out 翌10:00
日帰り	▶in 10:00～ ◀out 16:00

管理人 利用受付日のみ常駐
※宿泊者がいる場合、17時以降は夜間警備員が管理

（平成森林公園内）管理棟、炊飯棟、さくら園、さくら園多目的広場、さくら園展望所、ラベンダー園、ワイルドリバーなど

シャワー＆ランドリー

コテージ内には風呂完備。管理棟にコインシャワーあり（5分間・100円）

宿泊棟数・サイト数

宿泊施設
コテージ（10人用）1棟
バンガロー（5人用）2棟
（4人用）3棟
（8人用）1棟
ツリーハウス 7棟

テントサイト
常設テント14張
ファミリーテント15張

オートサイト なし

その他 なし

アクセス

大分自動車道・大分光吉I.Cから、国道442号線経由で、約45分

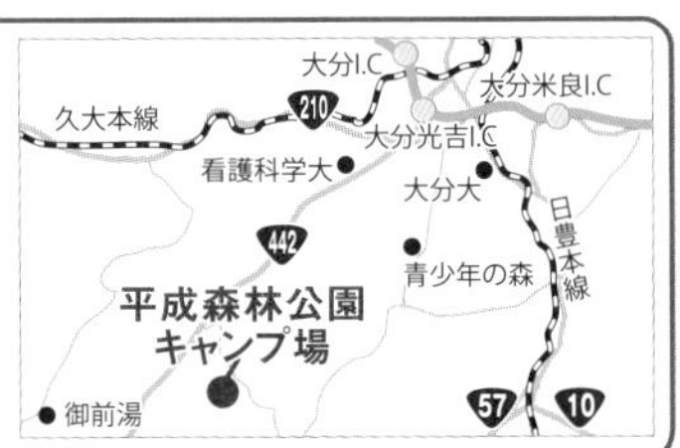

Pick Up!!

キャンプ場から下った場所にあるのは、「ワイルドリバー」と呼ばれる河川プール。水が冷たくて、真夏のキャンプにピッタリ!更衣室も完備しているので、安心。

セミの脱皮観察や夜の昆虫観察などのイベントも!

大分市から豊後大野市にわたる広大な敷地面積を持つ、大分県県民の森。ここは3つのゾーンに分かれており、キャンプ場は平成森林公園内に位置している。場内には、グループ向きのコテージ(10人用)と、バンガロー(8人用・5人用・4人用)が揃う。他にも柱の上部が屋根付きの寝室部分になった「ツリーハウス」がある。

ここから少し離れているが、比較的キャンプ上級者グループにオススメなのがテントサイト。常設テントとファミリーテントがあり、テントの持ち込みもOK。夏休みにはセミの脱皮観察や夜の昆虫観察などのイベントも(期間については、要問合せ)。

また、テントサイトを少し下ると、河川プールの「ワイルドリバー」があるので、水着を持って出かけよう(期間:7月下旬〜8月下旬)。団体でのキャンプファイヤーもOK!(要事前申込・有料)

コテージには、キッチン・冷蔵庫・バス・トイレが完備。別荘気分で休日を満喫できそう!

バンガローサイトはバンガロー、コテージ、ツリーハウスがあり、バンガローとコテージには冷蔵庫が付いている。大人数の場合は、コテージの利用がオススメ。

子どもたちに是非体験して欲しいのが炊飯体験。火を起こすのが、こんなに大変」ということが分かるだけでも素晴らしい経験になるだろう。

テントサイトは常設テントを設置。少し不便を感じるくらいが、キャンプの醍醐味と言えるのかも。

料金表

1泊料金

入場料
大人420円
子ども(小・中学生)210円
幼児は無料

宿泊施設
コテージ(10人用)11,000円
バンガロー(4〜8人用)6,600円
※3タイプあり
ツリーハウス(5人用)5,500円

テントサイト
常設テント1張4,350円
ファミリーテント1張3,300円

オートサイト
なし

日帰り料金

入村料のみでバーベキュー可。詳細は電話で問い合わせしよう

レンタル料金

炊飯用具(包丁、まな板、飯ごう、しゃもじ、やかん、フライパン、鍋、お玉、皿)1セット500円、単品100円、バーベキュー網セット300円、寝袋300円、毛布1枚200円など

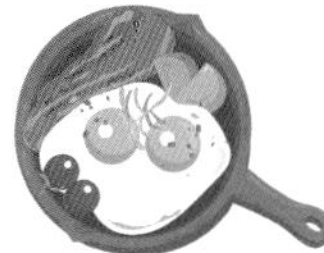

注意事項

直火	直火は不可。炊事棟があるので、調理はそちらを利用しよう
花火	手持ちの花火はできるが、管理員の指示に従おう
ゴミ	ゴミは各自で持ち帰ろう

近場のスポット!

長湯温泉(温泉療養文化館 御前湯)
住所:竹田市直入町大字長湯8043-1
TEL:0974-75-3111
クルマで約35分の場所に「ながゆ温泉」がある。"ラムネ温泉"と言われる炭酸ガス含有温泉として有名だ。「道の駅ながゆ温泉」も併設しており、温泉の後に買い物するのにも便利だ。

おーときゃんぷ もりのかわなべ

鹿児島県 オートキャンプ 森のかわなべ

管理棟 デイキャンプOK 宿泊棟 テントサイト オートサイト AC電源 水洗トイレ シャワーなど レンタル用品 フリーWi-Fi

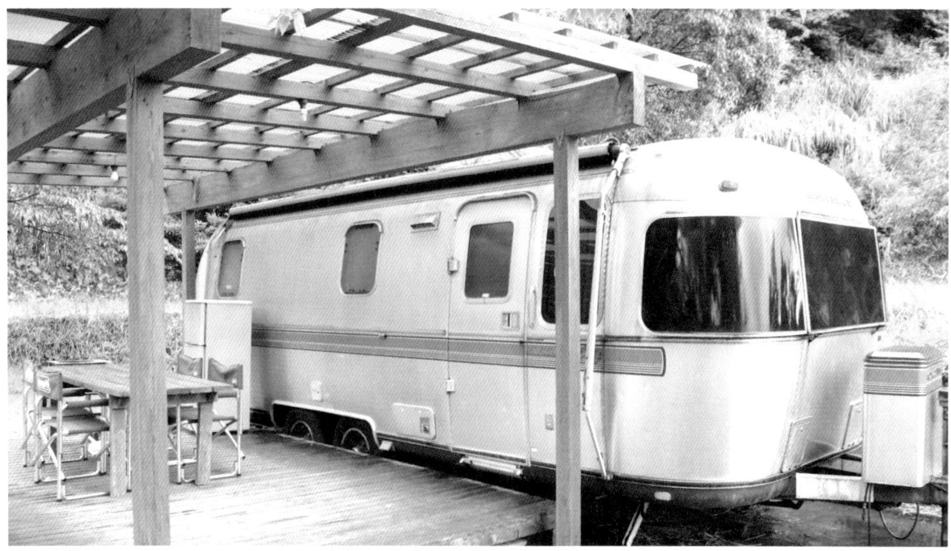

予・問 「オートキャンプ森のかわなべ」のホームページ・オンライン予約サイトから（現地・問合わせ）TEL0993-56-4342

現地住所 南九州市川辺町野崎8138-1

受付開始 利用の2ヵ月前から予約サイトで受付 http://www.kawanabe.info

定休日 開設期間中はなし ※作業のための臨時休場あり

開設期間情報 ①②③④⑤⑥⑦⑧⑨⑩⑪⑫

宿泊	（テントサイト / オートサイト） ▶in 15:00〜 ◀out 翌14:00 （トレーラーハウス / ゲル） ▶in 15:00〜 ◀out 翌13:00
日帰り	▶in 8:30〜 ◀out 14:00 ※繁忙期は除く・要問合せ

管理人 通常8:30〜17:30常駐
※前日 17:30までに予約があった場合、24時間常駐

管理棟（室内ロッククライミング完備）、炊事棟、シャワールーム、コインランドリー、アスレチック遊具、MTBコース/アドベンチャードッグラン「ワンだふるラン」、キャンプファイヤーサークルなど

シャワー＆ランドリー

3分100円のコインシャワーをはじめ、1回200円の洗濯機、15分100円の乾燥機などを完備

アクセス

指宿スカイライン・川辺I.Cから、国道225号線経由で、約5分

宿泊棟数・サイト数

宿泊施設 なし

テントサイト
広場サイト20区画
※全面芝生のサイトで、普通車の乗入れ可。GW、夏休みは広場への駐車は不可

オートサイト
個別サイト
Aサイト34区画（1区画のみAC電源なし）
Bサイト5区画
Cサイト2区画

その他
トレーラーハウス大・小 各1台
ゲル（6人まで）1棟

Pick Up!!

管理棟内には、初心者でも気軽にチャレンジできるフリークライミングの練習場あり。初めての人は簡単なレクチャーも受けられる。●「クライミングジム」1人1時間200円

MTBコース兼ドッグラン併設のキャンプ場

一周400mのMTBコース兼ドッグランをはじめ、ターザンロープなどのアスレチック施設、フリークライミングの練習設備なども併設する「オートキャンプ 森のかわなべ」。ここはペット同伴で宿泊も可能なので、愛犬家に人気の施設だ。

普通車やキャブコン、本格キャンピングカー、トレーラーまで、サイズに合わせて3種類のオートサイトが整備。さらに、テント&タープ用のフリーサイト、トレーラーハウスまで揃う。特にギャレー、トイレ&シャワーまで揃っているアメリカ製トレーラーハウスを利用すれば、欧米スタイルのキャンプが体験できそう。その他にも、モンゴル移動式住居「ゲル」が1棟あり、いろんなタイプで宿泊ができる。

テントやシュラフ、ランタンなどレンタル用品も充実しているので、食材や飲料だけ買い込んで出かければ、現地で調達できるのも嬉しい。

MTBコースの上側には、大型のコンビネーション遊具が設置されている。

6人まで宿泊できるゲル。中はこんなに広く開放的。ソファや冷蔵庫、ストーブなども完備されており、愛犬も一緒にも宿泊できる。

綺麗に管理された共同炊事棟が、キャンプ場内に2カ所準備されている。コンロを持ち込めばサイト内でバーベキューもOK。

宿泊者のドッグランの利用は、8:30～17:30まで。
※1年以内の狂犬病・予防接種の証明が必要
ドッグランは希望者がいれば、MTBコースとしても使用できる(切り替え時間約30分)。

料金表

1泊料金

入場料
大人(高校生以上)620円
小人(小・中学生)310円
幼児以下無料

テントサイト
広場サイト
テント、タープ、シェード、車両各1,040円
※GW、夏休みは広場への駐車は不可

オートサイト
区画サイト (Aサイト)3,140円
(Bサイト)4,190円
(Cサイト)5,230円

トレーラーハウス
(大)15,710円、(小)13,610円

ゲル
13,500円～※時期によって変動有

日帰り料金

テントサイト
広場サイト・1アイテム無料
2アイテム以降×1,040円
(アイテム:テント、タープ、シェード、車)

オートサイト
区画サイト(Aサイト)520円
(Bサイト)830円
(Cサイト)1,040円

レンタル料金

シュラフ(寝袋)510円、テント(5～6人用)1張1泊2,200円、LEDランタン510円、お鍋、飯ごう160円、MTB(自転車)1時間200円

注意事項

直火	直火は不可。炊事棟があるので、調理はそちらを利用しよう
花火	手持ち花火はできるが、打ち上げ花火は不可
ゴミ	ゴミは各自持ち帰ろう。分別したものに限り引き取り可。

ゴミ300円/袋(45リットル以下)可燃、ビン、カン、ペットボトル、その他不燃に分別。
段ボールや大きなゴミは受付不可

近場のスポット!

八瀬尾の滝(やせおのたき)

住所:南九州市川辺町野崎
TEL:0993-83-2511(南九州市商工観光課)

クルマで約10分(約3.2km)の場所にある穴場のパワースポットが「八瀬尾の滝」。夏は滝のしぶきで爽やかに涼しい。近くには神社などもあり、周辺散策も楽しめる。階段を登れば8つの滝が見れるかも!?

山間部

くじゅうやまなみきゃんぷむら

大分県 くじゅうやまなみキャンプ村

管理棟 デイキャンプOK 宿泊棟 テントサイト オートサイト AC電源 水洗トイレ シャワーなど レンタル用品 フリーWi-Fi ※ケビンのみ

宿泊	(ケビン) ▶in16:00～◀out翌10:00 (オートサイト/フリーサイト) ▶in13:00～◀out翌11:00
日帰り	▶in11:00～◀out16:00

キャンプ宿泊者のためのイベントも多種開催!

九重連山が見渡せる、標高約1000m地点にあるのが、「くじゅうやまなみキャンプ村」。四季折々の景色を楽しめるロケーションが人気。宿泊者を対象にヤマメのつかみどり、ピザ作り(要予約)など、体験イベントも開催。

管理棟の向かいには10棟のケビンがあり、うち1棟はスロープ付き。室内はエアコン(冷房のみ有料)、テレビ、バス、トイレなどが備わり、快適に過ごせる。

オートサイトは、1区画ごとにゆったりしたスペースを確保。流し台とAC電源が完備。フリーのテントサイトは雨の場合、大屋根のサイトセンターを利用できる。

宿泊棟数・サイト数

- **宿泊施設** ケビン(6人用)10棟
- **テントサイト** フリーテントサイト40区画
- **オートサイト** オートサイト40区画(AC電源完備)
- **その他** なし

予・問 TEL0973-79-3444(現地) **現地住所** 玖珠郡九重町田野267-18

受付開始 電話で随時受付 ※繁忙期の日帰り利用は受付できない場合もあるので要確認 **定休日** なし

開設期間情報 1 2 3 4 5 6 7 8 9 10 11 12

斜面に立つ2階建て風のケビン。炊飯器、卓上コンロ、鍋など、日常生活に必要なものはほぼ揃っている。

天気の良い日は散歩したり、キャッチボールするのも楽しそう。

宿泊者のために、ヤマメのつかみどりのイベントや要予約(1週間前までに)でピザ作りも開催。※状況によって開催するので、詳しくは問い合わせを。

注意事項

直火	直火は不可。炊事棟があるので、調理はそちらを利用しよう
花火	手持ち花火はできるが、打ち上げ花火は不可
ゴミ	透明の袋で、分別をしていれば廃棄可能
その他	ペットの同伴は不可

INFORMATION 管理人 通常8:00～22:00常駐

キャンプセンター(管理棟・受付)、サイトセンター(温水シャワー・更衣室・コインランドリー・トイレ)、売店など

シャワー&ランドリー

ケビン内には風呂巻尾。サイトセンターには、シャワールームとランドリーあり(無料)

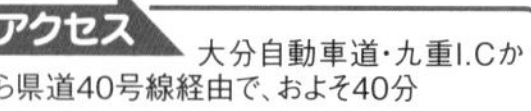

アクセス 大分自動車道・九重I.Cから県道40号線経由で、およそ40分

料金表

※ゴールデンウィーク・夏休み・山開き期間・年末年始は繁忙期料金

1泊料金

入場料
大人550円、小学生330円
小学生未満は無料

宿泊施設
ケビン1棟(通常時)16,500円
(繁忙期)19,800円

テントサイト
1張(通常時)3,850円
(繁忙期)4,400円

オートサイト
1区画(通常時)4,400円
(繁忙期)5,500円

日帰り料金

入場料
大人550円、小学生330円
小学生未満は無料

宿泊施設
ケビン1棟(通常時)5,500円
(繁忙期)6,600円

テントサイト
1張(通常時)880円
(繁忙期)1,100円

オートサイト
1区画(通常時)1,980円
(繁忙期)2,200円

レンタル料金

テント(7人用)1張5,500円、毛布1枚330円、ランタン1個550円、バーベキューセット1台1,100円、ケビン寝具・食器1人2,200円 など

初心者向けのキャンプ場

「キャンプデビューしたい」ファミリーにオススメ!
食材を予約できたり、現地で調達できる施設も

キャンプをしてみたいけど、子どもがまだ小さいし…と躊躇しているファミリーにオススメのキャンプ場です。宿泊と食事がセットになっていたり、食材を予約できたり、隣接する道の駅で食材を購入できる施設もあります。デイキャンプのバーベキューから始める…というのもイイかもしれません。

食材を予約できる場合は、何がどのくらい現地調達できるか、事前確認しておいた方がベター。特に、食べ盛りのお子さんがいる場合、人数分のセット食材だけでは足りないこともあるようです。ちなみに、肉類を冷凍してクーラーボックスに入れておくと、小さめの保冷剤代わりになりますから、食材不足をカバーするためにも小型クーラーボックスくらいは携行した方が良いかもしれませんね。

けいりゅうヴぃらいつき

熊本県 渓流ヴィラITSUKI

管理棟

デイキャンプOK

宿泊棟 ※グランピングテント付き

テントサイト

オートサイト

AC電源

水洗トイレ

シャワーなど

レンタル用品

フリーWi-Fi

予・問 TEL0966-29-8055（現地）

現地住所 球磨郡五木村甲2859―7

受付開始 利用の6ヵ月前から電話で受付

定休日 なし

開設期間情報 

宿泊	▶in 15:00～ ◀out 翌11:00
日帰り	（ヴィラデイユース ※ランチ付き） ▶in 12:00～ ◀out 17:00 （森のあそび場） ▶in 9:00～ ◀out 17:00

管理人 ウェルカム・ラウンジに常駐

ウエルカム・ラウンジ（受付）、グランピングテント付きヴィラ6棟、森のあそび場（ボルダリング・スラックライン・パンプトラック等）、展望あずまや、渓流グリルMYOJIN（レストラン）

シャワー＆ランドリー

各部屋には、リバービューのジャグジーを完備。ランドリーは無いが、クルマで2分ほどの五木温泉夢唄内にあり。

宿泊棟数・サイト数

宿泊施設

ヴィラ（4人用）2棟
（2人用）4棟
※各1台エキストラベッド追加可能。プラス1人まで利用可能。
※未就学児は、添い寝での利用も可能（小学生の利用は、子ども料金発生）

テントサイト なし

オートサイト なし

その他 なし

アクセス

九州自動車道・人吉I.Cから国道445号線経由でおよそ30分

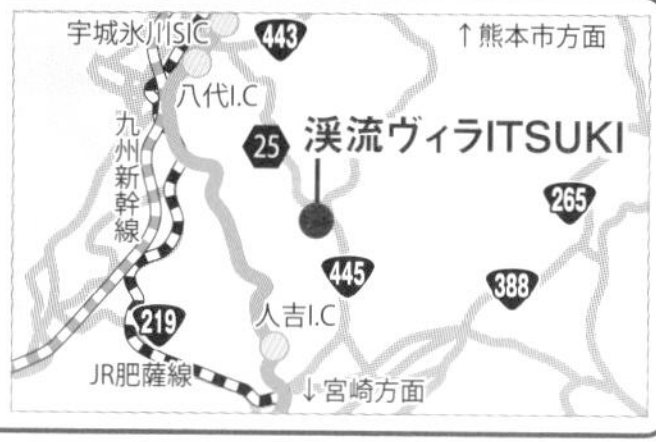

Pick Up!!

「森のあそび場」には、ボルダリングやスラックラインなど、子どもでも気軽に楽しめるスポーツ設備がある。また、周辺を散策するのにもぴったりなマウンテンバイクのレンタルもあり。

静かな環境で、アウトドア気分を体験

「家族とのんびりアウトドア体験をしてみたいけど、子どもが小さいからキャンプはまだ無理かな」…といったキャンプ初心者でも、アウトドア気分が楽しめる施設が、「渓流ヴィラITSUKI」。森と水に囲まれた、自然豊かな五木村に、2019年にオープンした施設だ。

宿泊タイプは、ヴィラ6棟のみ。4人用が2棟、2人用が4棟あり、全室戸建てなので、子どもがまだ小さい家族での利用にもぴったり。バーベキューはできないが、食事は併設の「渓流グリルMYOJIN」で、地元の食材をたっぷり使ったグリル料理が堪能できる。通常のキャンプのように、食材の準備や片付けをしなくて良いのも魅力だ。

各ヴィラのデッキには、グランピングも楽しめるテントを完備。また、浴室には鉄平石張りのジャグジー風呂を完備。家族みんなでゆっくりお風呂に浸かり、贅沢な時間を共有してみてはいかが。

デッキには、グランピングテントも完備。冬はこたつも登場するので、真冬のキャンプも楽しめる。

朝食例。地元の食材を使った美味しい朝食が味わえる。仕事や家事が忙しく、ゆっくり朝食を楽しめないパパ・ママも、ここならのんびりくつろげそう。

ヴィラは、かつてこの地域にあった小学校の校舎をイメージ。プライバシーもしっかり保てる。

ジャグジー風呂とレインシャワーが備わった浴室。ガラス張りで開放感も抜群だ。

料金表

1泊料金

入場料 なし

宿泊施設
ヴィラ1棟・1泊2食付き
大人1人　22,000円～
小学生1人　12,000円～

テントサイト なし
オートサイト なし

日帰り料金

入場料
(森のあそび場利用・終日出入り自由)
大人200円、小学生100円、
未就学児無料

宿泊施設
ヴィラ1棟・1食付き
【ヴィラデイユース/12時～17時】
大人1人　15,000円～
小学生1人　6,000円～

レンタル料金

マウンテンバイク1台（1時間）
1,000円
ハンモック（1泊）1,000円

森のあそび場には、地面をわざと凹凸に作った「パンプトラップ」なども。

注意事項

直火	不可。食事は宿泊料に含まれる
花火	指定の場所で、種類限定で可能（受付で要確認）
ゴミ	部屋で出たゴミは、施設で処理してくれる

近場のスポット！

五木温泉夢唄

住所：球磨郡五木村甲2672-53
TEL：0966-37-2102

クルマで約2分の場所に、「五木温泉夢唄」がある。内風呂、露天、サウナを備えた弱アルカリ性の天然温泉。渓流ヴィラITSUKI宿泊者は無料で利用できるので、帰りに利用してみては。

初心者向け

福岡県

国営 海の中道海浜公園 光と風の広場

管理棟

デイキャンプOK
宿泊棟

テントサイト
オートサイト
AC電源

水洗トイレ

シャワーなど

レンタル用品

フリーWi-Fi

予・問 TEL092-603-9005(現地)

現地住所 福岡市東区大字西戸崎18-25

受付開始 利用の2カ月前から電話で受付

定休日 開設期間中はなし

開設期間情報 1 2 3 4 5 6 7 8 9 10 11 12

宿 泊	宿泊の利用はなし
日帰り	▶ in 10:00~ ◀out 17:00

管理人 通常10:00~17:00常駐

【光と風の広場内】
管理棟、炊事棟、ドッグラン、震災学習展示など

シャワー＆ランドリー

宿泊施設はないので、シャワーなどの施設は特になし

宿泊棟数・サイト数

宿泊施設 なし

テントサイト 40サイト

オートサイト なし

その他 なし

アクセス

福岡都市高速・アイランドシティランプから、約13分

炊事棟の流し台は、しきりと調理道具や食材などを置くスペースもあり。ほかにも、コンロや網の専用洗い場も完備。

Pick Up!!

同じ公園内は遊び場がいっぱい!スカイドルフィンは大芝生広場のシンボル的存在。車椅子の方も一緒に遊ぶことができる、ユニバーサルデザイン遊具だ。

手ぶらでバーベキューもOKのデイキャンプ場

大芝生広場や、動物の森、サンシャインプールなど、充実した設備が揃う「海の中道海浜公園」。公園の博多湾エリア内にあるデイキャンプ場やドッグランが揃うのが「光と風の広場」。

海沿いにあるデイキャンプ場は柔らかい芝生が広がり、40のバーベキューサイトを完備。対岸には博多や百道の街並みを眺めながら、アウトドアを満喫できる。

バーベキューコンロや包丁・まな板セット、テーブルやイスなど、レンタル用具も充実しており、バーベキュー初心者にオススメなのが、「お手軽BBQコース」1人前2,900円(サイト料、入園料、駐車場別)。食材、コンロ、炭、テーブル、ベンチ、食器などがセットになっており、火付けのセッティングから片付け、ゴミ回収まで全てお任せなのが嬉しい。

※申し込みは4セット～、利用日の3日前までの予約が必要

博多湾の気持ち良い風を受けながら、バーベキューを堪能できる。

レンタル品の受け渡しや、荷物の搬入時に使うリヤカーの貸し出しは売店横で。

芝生内に車の乗り入れはできないが、駐車場は場内を囲む位置にある(台数は限る)。荷物はすぐ取りにいけるので便利だ。

ドッグラン(有料)は、くつろぎエリア、フリーエリア、小型犬エリアに分かれている。ここ以外では、リードの着用が必要。

料金表

1泊料金

デイキャンプ場なので、宿泊の利用はなし

日帰り料金

入園料
大人(15歳以上)450円
シルバー(65歳以上)210円
中学生以下は無料

別途駐車場料が必要
普通乗用車530円

ドッグラン
ドッグラン利用は、1頭につき60円(鑑札及び狂犬病予防注射済票の着用が必要)

宿泊施設
なし

テントサイト
BBQサイト利用料
1区画2,000円

オートサイト
なし

レンタル料金

バーベキューコンロセット(コンロ、網、トング・火ばさみ)1,700円、鉄板300円、クッキングセット(包丁・まな板・ザル・トング・ボウル)600円、折りたたみテーブル800円、テント(タープ)2,500円、折りたたみイス300円 など

注意事項

直火	直火は不可。バーベキュー用コンロを利用しよう(場内にレンタルあり)
花火	花火は不可
ゴミ	ゴミは分別し、炊事棟のゴミ捨て場へ。燃え残った炭は、消し炭入れへ

近場のスポット!

マリンワールド海の中道

住所:福岡市東区西戸崎18-28
TEL:092-603-0400
公園隣には「マリンワールド海の中道」がある。イルカのショーやその他、海の生き物たちを間近で観察できる。イルカやアザラシなどにエサやりをできる体験イベントもあり。

熊本県

癒しの森 ゆ～かむ

（いやしのもり ゆ～かむ）

予・問 TEL0968-42-5100(現地)

現地住所 山鹿市鹿北町椎持5-2

受付開始 利用の3ヵ月前の1日から電話で受付(食材は3日前までに要予約)

定休日 木曜日

宿泊	▶in 14:00～ ◀out 翌11:00
日帰り	▶in 11:00～ ◀out 17:00

INFORMATION

管理人 通常8:00～21:00常駐

バンガロー、テントデッキ、フリーサイト、RVパーク、本館(大浴場、プール、ジム、テニスコート)、レストラン、芝生広場、Cafe&BAR

シャワー＆ランドリー

宿泊・日帰り利用者は本館の大浴場(10:00～20:00)利用可能

宿泊棟数・サイト数

宿泊施設
バンガロー(大)1棟
バンガロー(小)2棟

テントサイト
テントデッキ(グランピング)2棟
フリーサイト

オートサイト なし

その他
RVパーク2台
宿泊棟(7人から宿泊可能)
※in15:00、out10:00
和室7室、洋室3室

アクセス

九州自動車道・菊水I.Cから、国道3号線経由で約45分

Pick Up!!

施設横には岩野川が流れている。夏場は水遊びができるので、水着やサンダルを持参しよう。浅瀬なので子どもでも安全に遊べるが、パパ・ママは目を離さないように注意して。

大浴場にプール、ジムなど、充実した複合施設

福岡との県境に近く、山あいの静かな環境に建つ「癒やしの森 ゆ～かむ」。露天付きの大浴場、フィットネスジムやプール、テニスコートにレストランなどが集まった複合施設だ。

キャンプ場は、テントを自由に張れるフリーサイトと、テントデッキ2棟、バンガロー大・小で構成。テントデッキは、いわゆるグランピング形式で、エアコンと冷蔵庫を設置。備え付けのウッドデッキでバーベキューが楽しめ、お風呂は、本館の露天付き大浴場を利用することができる。オートサイトは無いが、2台分のRVパーク（宿泊可能な駐車場）を完備。日帰りの場合は、タープやテーブル、ベンチ、食材などがセットになった「バーベキュープラン」が手軽でオススメだ。

施設の横には岩野川が流れ、GWや夏休みには、川遊びをする子どもたちで賑わう。場内ではヤギを飼育。エサやり体験もできる。

バーベキューの食材は、3日前までに予約すれば、施設が準備してくれる。食材付きのプランもあり、「1泊2食まるごとセット」1人5,170円や日帰りの「バーベキュープラン」は1人3,300円と、かなりお得なセットもあり。

本館は、露天風呂を備えた大浴場完備。日帰りの入浴はもちろんだが、キャンプ宿泊の場合のお風呂も、ここが利用できる。大きいお風呂で、子どもたちも大喜びするはず。

テントデッキの室内の様子。天井が高く、窓もあるので明るく開放的。エアコン、冷蔵庫のほか、食器類や寝具も完備。

場内ではヤギも飼育されている。見ているだけでも癒やされるが、エサやり体験もできる。

料金表

1泊料金

入場料
大人440円、子ども330円
※大浴場利用可

宿泊施設
バンガロー（大）24,200円
バンガロー（小）11,000円
テントデッキ（グランピング）16,500円

テントサイト
フリーサイト1,540円

その他
RVパーク2,530円
1泊2食まるごとセット5,170円
大浴場 大人350円
3才以上200円
プール 大人600円
3才以上350円

宿泊棟利用は要問合せ

日帰り料金

入場料
大人440円、子ども330円
※大浴場利用可

テントサイト 1張り1,100円

BBQエリア
バーベキュープラン1人3,300円
（食材、BBQグリル、タープ、テーブル、ベンチ、食器、調味料込み）

レンタル料金

BBQグリル1,100円、ハンモック1,100円

注意事項

直火	直火は不可。焚火台をレンタルできる
花火	手持ち花火のみ、22:00まで可能
ゴミ	ゴミは基本的に持ち帰り。100円で引き取りも可能

近場のスポット!

道の駅 鹿北

住所：山鹿市鹿北町岩野4186-130
TEL：0968-32-4111（代表）

ここからクルマで約7分の場所に「道の駅鹿北」がある。木遊館ではスタッフ指導のもと、木工体験や石窯ピザ作り体験ができる。夏休みなどは特に人気なので、早めの予約がオススメ。

初心者向け

佐賀県

「道の駅」大和 オートキャンプ場

みちのえきやまと おーときゃんぷじょう

管理棟　デイキャンプOK　宿泊棟　テントサイト　オートサイト　AC電源　水洗トイレ　シャワーなど　レンタル用品　フリーWi-Fi

※オートサイトをテントサイトとして使用可能　※エリアによる

予・問 TEL090-5479-3158(キャンプ場直通)

現地住所 佐賀市大和町大字梅野805

受付開始 電話で随時受付

定休日 なし ※1月1日～1月3日の利用については応相談

開設期間情報  1 2 3 4 5 6 7 8 9 10 11 12

宿泊	▶in 11:00～ ◀out 翌10:00
日帰り	▶in 11:00～ ◀out 17:00

管理人 通常9:00～16:00常駐
※1月 1日～1月 3日を除く

炊飯棟、電源設備(有料)、直売所「そよかぜ館」、ベジタブルぱーしもん、屋外トイレ

シャワー＆ランドリー

場内にシャワーやランドリーはないが、近隣に温泉施設あり

宿泊棟数・サイト数

宿泊施設 なし

テントサイト
オートサイトをテントサイトとして、使用可能

オートサイト
オートサイト6区画
(2区画増設予定)

その他 なし

アクセス

長崎自動車道・佐賀大和I.Cから、国道263号線経由で、約5分

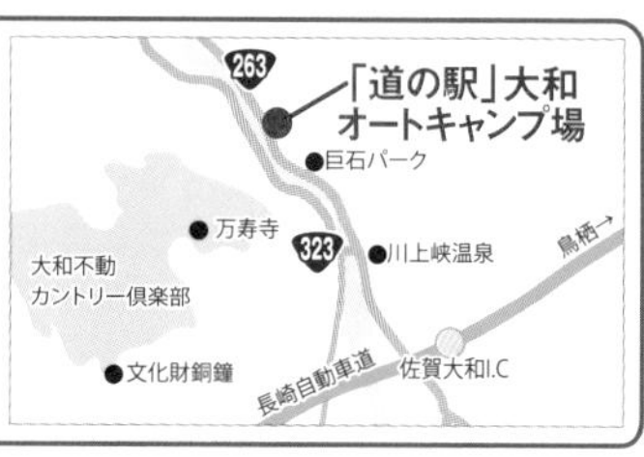

Pick Up!!

敷地内には、直売所「そよかぜ館」が併設している。地元の新鮮野菜や米、精肉、特産品など、豊富な品揃え。最新情報はインスタグラムで随時発信中なので、チェックしてみて!

道の駅併設だから、気軽にキャンプができる!

長崎自動車道・佐賀大和インターから約5分の、アクセスのよい場所にある「道の駅」大和。

オートキャンプ場は道の駅の敷地内にあり、自然豊かな場所で目の前の嘉瀬川を眺めながら気持ちよくキャンプができる。ここはテントサイト付のオートキャンプ場で、1区画が広めに仕切られており開放感がある。レンタル用品は特に設けていないが、バーベキューコンロを無料で借りることができる。現在は6区画だが、近々2区画増設予定。

すぐ横には炊飯棟や清潔なトイレ、直売所「そよかぜ館」が並ぶ。新鮮な野菜はもちろん、精肉なども販売しているので、手ぶらで出かけても現地でほとんどの食材が揃うのが嬉しい。

また、不定期でイベントなども開催(インスタグラムで情報発信中)しているので、この日に合わせてキャンプに出かけても楽しそうだ。

無料で借りることができるバーベキューセット。使用後は綺麗にして返そう。

オートサイトの目の前は嘉瀬川が流れている。流れが速いため遊泳はできないのでご注意。

「ベジタブルぱーしもん」では、特産品の松梅ほし柿をふんだんに使用した「ほし柿ソフト」や「ラムほし柿ソフト」が人気。

そよかぜ館には、採れたての新鮮野菜が並ぶ。精肉も販売しているので、手ぶらに近い状態ででかけられそう。

料金表

1泊料金

入場料
なし

宿泊施設
なし

テントサイト
1サイト2,060円
※オートサイトをテントサイトとして、使用可能

オートサイト 1サイト2,060円

その他 電気使用料1,100円が必要

日帰り料金

入場料
なし

宿泊施設
なし

テントサイト
1サイト1,030円
※オートサイトをテントサイトとして、使用可能

オートサイト 1サイト1,030円

その他 電気使用料1,100円が必要

レンタル料金

レンタル品はないが、無料でバーベキューセットをレンタルすることができる

注意事項

直火	直火は禁止。焚火台などの使用が必要
花火	花火は一切不可
ゴミ	ゴミは各自で持ち帰ろう
その他	発電機の使用不可

近場のスポット!

巨石パーク

住所:佐賀市大和町大字梅野329-5
TEL:0952-64-2818(管理棟)

クルマで約2分の場所にある「巨石パーク」。下田山の標高200〜350mの地点に、10m以上の巨石群が17基点在している。山の中腹には釣り体験コーナーや天然芝の多目的広場などがあり、かなりアクティブ派のファミリーにオススメ。

よしむたこうげん　みどりのむら　ほしのもりヴぃら

熊本県 吉無田高原 緑の村 星の森ヴィラ

管理棟

デイキャンプOK

宿泊棟

テントサイト

オートサイト

AC電源

水洗トイレ

シャワーなど

レンタル用品

フリーWi-Fi

※テントサイト/オートサイトは場内別エリア　※星の森ヴィラのみ

予・問 「星の森ヴィラ」のホームページ・オンライン予約サイトで受付（吉無田高原緑の村・問合わせ）TEL096-285-2210

現地住所 上益城郡御船町大字田代8405-24

受付開始 予約サイトで随時受付

定休日 水曜日　※祝日の場合はその翌日、年末年始

開設期間情報 ①②③④⑤⑥⑦⑧⑨⑩⑪⑫

宿泊	（ドームハウス） ▶in 14:00～ ◀out 翌10:00 （A・B・C・D 各サイト） ▶in 14:00～ ◀out 翌12:00
日帰り	▶in 09:00～ ◀out 17:00 ※デイキャンプは平日のみ ※GW、夏休み、土日祝は利用不可

管理人 宿泊者がいる場合のみセンターハウスに宿直あり

センターハウス、星の森ヴィラ、Aサイト（ゆうすげの丘エリア）、Bサイト（どんぐりの丘エリア）、Cサイト（森のテントエリア）、Dサイト（フリーキャンプエリア）、シャワー室・トイレ、炊事棟

シャワー＆ランドリー

ヴィラにはユニットバスあり。その他のキャンプ施設は、シャワー棟あり。ランドリーはなし

宿泊棟数・サイト数

宿泊施設
星の森ヴィラ　ドームハウス5棟（4人用 ※最大6人まで可）

オート/テントサイト
【Aサイト】（ゆうすげの丘エリア）
オートサイト・区画①　14区画
オートサイト・区画②　2区画
【Bサイト】（どんぐりの丘エリア）
※オートサイト
AC電源付きグランピングテント（GW、夏休みのみ）1棟
AC電源付き区画サイト 4区画
【Cサイト】（森のテントエリア）
※3m×4mのウッドデッキ上にテントを設置　3区画
【Dサイト】（フリーキャンプエリア）
約5区画

アクセス

九州中央自動車道・上野吉無田I.Cから、県道57号線経由で、約10分

Pick Up!!

自然を利用した遊びが充実している吉無田高原。全長70mの傾斜を滑るローンスキーは、子どもだけでなく大人も夢中になれるはず。
●レンタル1台260円

満天の星空を眺めながらバーベキュー！

阿蘇外輪山の裾野に広がる、標高600〜700m地点に広がる吉無田高原。九州中央自動車道・上野吉無田インターが開通し、往来が格段に便利になった。この高原には4つのキャンプエリアがあり、その中のかわいいドーム型の戸建て施設が「星の森ヴィラ」だ。

5棟あるドームハウスは、それぞれ異なる外観と内装が人気。ミニキッチンやユニットバスも完備され、ホテルのように設備が充実している。バーベーキューをする場合は、各部屋専用のテラスで。ドームハウスでは炭の使用ができないが、ガスコンロの持ち込みは可能。有料でバーベキュー用のガスコンロもあるので、利用してみては。

昼間は緑いっぱいの自然を堪能し、夜にはまた違った雰囲気を味わうことができる。夜空を見上げると、天然のプラネタリウムのような満天の星に、大人も子どももきっと感動するはず。

ドーム型の可愛らしい外観。戸建て同士の距離が離れているので、小さい子ども連れでも気兼ねなく利用できそう。宿泊者はバーベキュー用のガスコンロがレンタルできる(有料)。

ゆうすげの丘からの眺め。ここにはオートサイトもあるので、キャンプに慣れたら、是非チャレンジしよう。

ドームハウス「ツキヨ」の内観。壁紙は女性が好みそうなイメージ。定員は4人だが、最大6人まで使用可能。

料金表

1泊料金

入村料(宿泊/日帰りいずれも必要)
大人230円、小中学生120円

宿泊施設
ドームハウス(4人まで)16,500円
※5人以上別途料金、最大6人まで。1人追加につき大人4,200円、小・中学生2,100円

オート/テントサイト
区画①(縦約9m×横約6m)3,500円、区画②(縦約3m×横約3m)2,040円

AC電源付きグランピングテント16,500円(定員4人)
AC電源付き区画サイト(持込テント) 1泊4,500円

グランピングミニ貸出テント1泊3,000円(3人まで)
持込テント1泊2,040円〜※テントサイズによって料金が異なる
持込タープ1泊1,500円

日帰り料金

オート/テントサイト
平日のみの利用　1,530円〜
※GW、夏休み、土日祝の利用は不可
日帰りバーベキューコーナー1人1,000円

その他/予約
バーベキューセット(肉、野菜、たれ、紙皿、割り箸)6,500円〜
※3月〜12月までの土・日・祝前日・祝日限定　ほか多数あり

注意事項

直火	直火は不可。「星の森ヴィラ」は炭を使用するコンロは使用不可。BBQガスコンロの持ち込みは可能
花火	いずれの場所でも禁止
ゴミ	可燃物のみ、部屋のゴミ箱へ。その他のゴミは持ち帰ろう

近場のスポット！

御船町恐竜博物館
住所:上益城郡御船町大字御船995-6
TEL:096-282-4051
御船I.Cに向かう途中に「御船町恐竜博物館」がある。御船町で見つかった恐竜化石をはじめ、世界中から集めた化石や岩石標本を1万5千点以上展示している。恐竜好きのお子さんにピッタリの施設。

初心者向け

熊本県

清和高原天文台

せいわこうげんてんもんだい

管理棟

デイキャンプOK

宿泊棟

テントサイト

オートサイト

AC電源

水洗トイレ

シャワーなど

レンタル用品

フリーWi-Fi

予・問 TEL0967-82-3300(現地)

現地住所 上益城郡山都町井無田1238-14

受付開始 随時受付

定休日 火曜日・天候不良で観測できない日　※祝祭日・シーズン期は開館

開設期間情報 ①②③④⑤⑥⑦⑧⑨⑩⑪⑫

宿泊	▶in 15:00～ ◀out 翌10:00
天文台開館時間	14:00～22:00 ※複数回に分けて実施 ※観測は19時頃～閉館まで(季節で前後)

管理人 キャンプ場ではないので特に管理なし

観測室、映像上映・写真展示室、レストラン「星座の森」、グランドゴルフ場など

シャワー&ランドリー

ロッジ内に風呂完備。リンスインシャンプー、ボディーソープも完備している
※タオル、歯ブラシは有料

宿泊棟数・サイト数 

宿泊施設
ロッジ(5人用)10棟

テントサイト
なし

オートサイト
なし

その他
なし

アクセス

九州自動車道・山都中島西I.Cから国道445・218号線を経由し、およそ70分 ※道の駅清和文楽邑を目指し、そこから電話で尋ねてください。

Pick Up!!

スライディング式ルーフの観測室に備えられた、口径500㎜のニュートン式望遠鏡があるのでぜひ観測しよう。
●観測料 小・中学生300円、高校生以上510円

満天の星空を観察！食事付き・ロッジ宿泊体験

スライディング式ルーフ(観測の時に屋根が開く構造)の観測室に口径500mmのニュートン式望遠鏡が備えられている、「清和高原天文台」。ここは天体観測ができる施設。

星の観測は夜間なので、帰りが心配…というファミリーのために、冷蔵庫やバスルームなどを完備した宿泊用ロッジが併設。ロッジの利用は1泊夕食付きのプランなので、手ぶらで気軽に利用できるのが人気。ロッジの日帰り利用はできないが、レストランで食事をして、天体観測をして帰ることもできる。キャンプ未経験や小さい子連れでの宿泊向きの施設と言えるだろう。星が見えない昼間や雨天には、シミュレーションソフトで星空案内を行なっている。

周辺は、広い芝生の広場があるので、ロッジに泊まった翌日は広場でたこあげやグラウンドゴルフを楽しむ人も多い。

天文台の外観。この建物の裏にロッジが並ぶ。

ロッジ内は開放感ある吹き抜け。2階はベッドルームになっており、開放感いっぱいの部屋に子どもたちも大喜び！

1泊夕食付きの「焼肉コース」。食材やキャンプ用具などがなくても、手ぶらでOKなのが嬉しい。片づけも無いから、ママは大助かり！

南側には九州脊梁山地の絶景が眺められ、広い芝生広場ではグラウンドゴルフやたこあげなどが楽しめる。

料金表

1泊料金

入場料
なし

天文台観測料
小・中学生300円
高校生以上510円

宿泊施設
ロッジ【1泊夕食付きプラン】
※1室5人まで

(中学生以上)
1棟4名の場合1人9,700円〜
1棟3名の場合1人10,200円〜
1棟2名の場合1人10,700円〜

(小学生)1人7,700円
(幼児・3才以上〜就学前)
食事なし、布団付き2,000円

※素泊まり料金もあり。要問合せ
宿泊者は観測料を割引

テントサイト
なし

オートサイト
なし

日帰り料金

日帰りのロッジ利用はなし

レンタル料金

寝具などはロッジ内に完備。食事はレストランで。調理器具のレンタルあり。有料

注意事項

直火	直火は不可。料理はロッジ内のキッチンを使用するか、レストランを利用しよう
花火	花火は不可
ゴミ	ゴミは各自で持ち帰ろう

近場のスポット！

清和文楽館

住所：上益城郡山都町大平152
TEL：0967-82-3001

ここからクルマで約15分。江戸時代末期から伝わる人形浄瑠璃「清和文楽人形芝居」が楽しめるのが「清和文楽館」。地元の人々が伝統を語り継いでいる。隣りには清和の物産を販売する道の駅も。

はだし ばーべきゅーがーでん

宮崎県 HADASHI BBQガーデン

管理棟　デイキャンプOK　宿泊棟　テントサイト　オートサイト　AC電源　水洗トイレ　シャワーなど　レンタル用品　フリーWi-Fi

※姉妹施設でキャンプ場あり

宿泊	宿泊は「うしおのもりキャンプ場」で受付 ※詳細はP12-13を参照
日帰り	▶in11:00〜 ◀out17:00 利用は4時間まで 18時〜の利用は要相談

南国の太陽の下、手軽にバーベキューを楽しもう

P12〜13で紹介している「うしおのもりキャンプ場」と同じ敷地内で、気軽に日帰りバーベキューが楽しめる施設が「HADASHI BBQガーデン」だ。

プランは大きく分けて2つ。バーベキューの焼き台などの機材を用意してくれる「機材準備プラン」（食材・飲み物は持参）と、食材もまるごと用意してくれる「手ぶらでBBQプラン」（飲み物は持参）。ファミリーからグループの大人数まで対応可能。また、手ぶらでBBQとマリンスポーツ体験がセットになったプランもあるので、夏休みには家族で出かけて楽しんでいただきたい（プランは要問い合わせ）。

宿泊棟数・サイト数

宿泊施設	※宿泊利用の詳細はP12-13の「うしおのもりキャンプ場」を参照
オートサイト	
その他	BBQスペース（イス・テーブル・日よけタープ）人数に合わせてスペースを用意してくれる 50人ほどまで対応可能

予・問 TEL0987-67-5560（現地・問合わせ／9時〜17時）
または、ホームページ・予約サイトでも予約可能

現地住所 日南市富士4028-4

受付開始 利用の6ヵ月前から電話か予約サイトで受付

定休日 なし ※貸切やイベントで利用できない日もあるので、要確認を

開設期間情報 1 2 3 4 5 6 7 8 9 10 11 12

「手軽にBBQプラン」は、飲み物だけ持ち込めば、他は全て用意してくれる。食材込みプランの予約は、3日前までに（3人前以上）。

テーブルとベンチの真横に焼き台をセットすれば、座ったままゆっくりバーベキューを楽しめる。

Pick Up!!

バーベキューは11時〜17時までのうち、4時間利用可能。お腹いっぱいになったら、ブランコに乗ったり、グラウンドで思いっきり体を動かそう。

注意事項

直火	キャンプエリア（グラウンド）での直火は禁止。焼き台や焚火台を利用しよう
花火	HADASHI BBQは日帰り（11時〜17時）のみの利用
ゴミ	ゴミは各自で持ち帰ろう

管理人 宿泊者がいる場合のみ13:00〜18:00常駐

総合受付、BBQスペース、オートサイト、テントサイト、ファンピング、炊事場・流し場、トイレ、多目的室、かまど、キャンプファイヤーエリアなど

シャワー＆ランドリー

温水シャワーは2カ所（1回・J 300円）あるが、利用時間は18時〜23時まで。ランドリーはなし

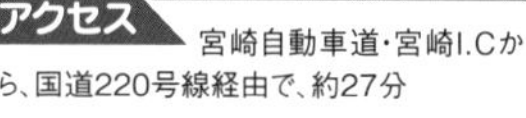

アクセス 宮崎自動車道・宮崎I.Cから、国道220号線経由で、約27分

料金表

1泊料金

宿泊施設/テントサイト

宿泊は「うしおのもりキャンプ場」で受付　※詳細はP12-13を参照

日帰り料金

入場料 1人500円※未就学児無料

各プラン料金に含まれるもの

施設利用料、BBQスペース利用（イス、テーブル、日よけ）、調理器具（ザル、ボウル、まな板、包丁）飯ごう、焼台、炭、焼き網、トング

【機材準備プラン】（機材）
大人1,500円、子ども1,000円
未就学児無料

【手ぶらでBBQプラン】（機材＆食材）
大人4,000円、子ども2,500円
未就学児無料

※食材込のプラン予約は3日前（3人前〜）までに

【手ぶらでBBQ＋マリンスポーツ体験プラン】
大人9,500円、子ども7,500円
未就学児無料

その他

BBQスペースの利用（イス・テーブル・日よけタープ）4時間3,000円

レンタル料金

調理セット（ザル、ボウル、まな板、包丁）500円、タープテント【小】1,500円、タープテント【大】2,500円、BBQ焼台セット【小】（網、火ばさみ、トング、焼台）1,000円、BBQ焼台セット【大】1,500円、BBQ焼台セット【特大】2,000円
［販売］ヤシガラ炭2kg800円、着火材1個400円

グランピングが楽しめるキャンプ場

「オシャレにアウトドアを楽しみたい」というファミリーにオススメ！ 食事付きで、子連れでも快適に過ごせる

キャンプのカテゴリーとして近年話題の「グランピング」。ホテルのような快適さと、アウトドアの解放感をミックスした、新しいスタイルの楽しみ方です。

キャンプを楽しむには、ある程度のグッズを準備する必要がありますが、グランピングなら食事付きのプランで、必要な道具類も準備されているので、ほぼ手ぶらで出かけられます。Wi-Fi完備のところも多いので、オシャレな写真を撮ってその場でSNSにアップすることも可能です（施設・エリアによる）。

ただ、「子連れOK」の施設であっても、大人だけで静かに過ごしたい利用者もいます。一般的なキャンプ場と同様、夜間に大騒ぎするのは控えましょう。予約時、隣りのテントとの距離や防音状況なども施設に確認しておきましょう。

ぐらんぴんぐふくおか　ぶどうのき　～うみかぜとなみのおと～

福岡県

グランピング福岡 ぶどうの樹 ～海風と波の音～

管理棟
※フロント

デイキャンプOK

宿泊棟

テントサイト

オートサイト

AC電源

水洗トイレ

シャワーなど

レンタル用品

フリーWi-Fi
※スカイドームはなし

予・問 「グランピング福岡」のホームページ・予約サイトから　(問合せ・ぶどうの樹 福津予約センター)TEL0120-4649-56

現地住所 福津市西福間4-10-10

受付開始 予約サイトで随時受付(利用日の2日前の20:59まで)

定休日 火曜日

開設期間情報 1 2 3 4 5 6 7 8 9 10 11 12 ※スカイドームの宿泊は、3月～10月まで(11月～2月は休止)

宿泊	▶in 15:00～◀out 翌10:00 ※スカイドームの宿泊は3月～10月まで (キャンピングカー) ▶in 12:00～◀out 翌10:00
日帰り	日帰りの利用はなし

管理人 (フロント)9:00～21:00常駐
※11月～2月は20時まで

センターハウス(フロント・売店)、屋上付コテージ「アネックス」、ロフト付コテージ棟、スカイドーム&クルーザー、タケノコテント、キャンピングカー、鮨屋台「海の彩」、イタリアンレストラン「マルマーレ」など

シャワー&ランドリー

コテージ等の戸建て宿泊施設には浴室完備。その他テントサイトに宿泊の場合は、共同のシャワールームを使用

アクセス

九州自動車道・古賀ICから、県道35号線経由で約15分

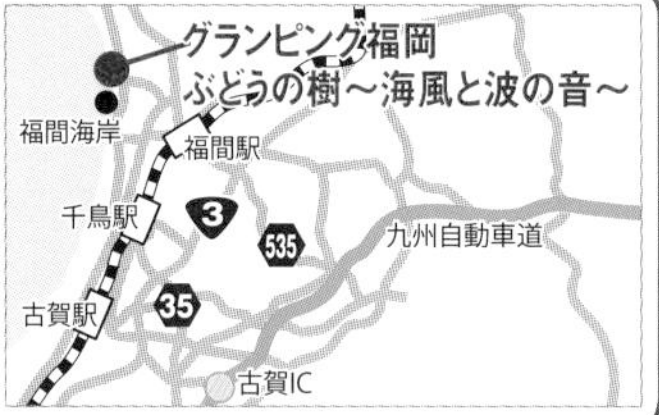

宿泊棟数・サイト数

バンガロー等

屋上付コテージ「アネックス」(最大6人まで)4棟

ロフト付コテージ棟(最大4人まで)4棟

テントサイト

スカイドーム&クルーザー(最大5人まで)1日1組限定

タケノコテント&小部屋付き(最大6人まで)5棟 ※車1台横付け可能

オートサイト なし

その他

キャンピングカーレンタル&ファイヤーベーステントサイト(最大5人まで)2区画

Pick Up!!

グランピング福岡のシンボル・空中テント「スカイドーム」は、はしごを登るに連れワクワク感もアップする!非日常を楽しもう。また、テント下にはピンク色のクルーザーがあり、ここでの宿泊も可能。

ワクワクが詰まったラグジュアリー・グランピング

2017年に福間海岸にオープンした、「グランピング福岡 ぶどうの樹 ～海風と波の音～」。屋上付コテージ「アネックス」、ロフト付きコテージ棟、テントサイト、さらにキャンピングカーをレンタル＆ドライブできるプランも揃った、充実したグランピング体験が楽しめる施設。

この施設のシンボルとして注目されているのが、空中テント「スカイドーム」。ハンモックのように、柱に固定された宙吊り状のテントで、非日常の感覚を味わいたいファミリーにはピッタリ。ここからの夕日の眺めも最高だ。

戸建ての各コテージは、それぞれ充実した設備が整っていて、内装はすべて異なる。コテージ棟のテラスには滑り台が付いており、波打ち際まで数秒で到着できる。子どもはもちろん大人も、ワクワクして飽きが来ないグランピングが楽しめるはず。

キャンピングカーレンタル＆ファイヤーベーステントサイト。宿泊はもちろん、日中はキャンピングカーでドライブすることも可能。25歳以上の普通免許所持者に限る。

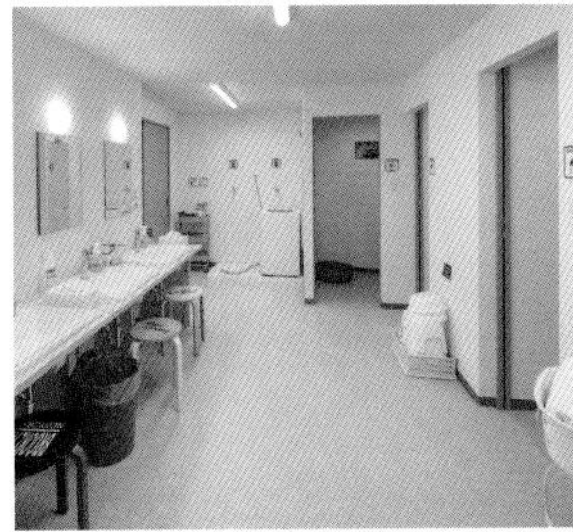

テントサイト宿泊者用のシャワールーム。洗面台はゆったりしたレイアウト。メイク落とし、ドライヤーが完備完備されている。

ぶどうの樹と言えば、食事が楽しみのひとつ。こちらは朝食例。海を眺めながら、ゆっくり朝食を味わおう。

ロフト付きのコテージ棟（オーシャン）の内観。4 棟ある部屋はそれぞれコンセプトが違う。

料金表

※価格はすべて利用人数やプランにより異なります。また、気象状況により、営業を中止する場合もあり。
詳しくはホームページを参照

1泊料金

入場料 なし

バンガロー等
屋上付コテージ「アネックス」
(3～4人/1棟) 1人15,400円～
子ども(小学生以上) 8,250円
コテージ棟
(2～6人/1棟) 1人19,800円～
子ども(小学生以上) 8,250円

テントサイト
タケノコテント
(3～4人/1棟) 1人12,100円～
子ども(小学生以上) 8,250円
スカイドーム＆クルーザー(1日1組)
(3～4人/1棟) 1人12,100円～
子ども(小学生以上) 8,250円

その他
キャンピングカーレンタル＆
ファイヤーベーステントサイト
(3～4人/1棟) 1人12,100円～
子ども(小学生以上) 8,250円

日帰り料金

日帰りの利用はなし

レンタル料金

レンタル用品多数あり。詳しくはホームページを参照。

注意事項

直火	直火は不可。キャンピングカーレンタルプランのみ、ファイヤーベースの使用可能
花火	敷地内所定の場所で、手持ち花火のみ可能。海岸での花火は一切禁止
ゴミ	ゴミは基本すべて持ち帰り

近場のスポット!

ブリオッシュ専門店 ニコビーチ
住所：福津市西福間4-10-10
TEL：0940-43-1414（火曜定休）
「グランピング福岡」施設の一角にあるブリオッシュ専門店。福岡県産の小麦や九州産の牛乳、鞍手町産の「味宝卵」を使用。朝食やおやつにはもちろん、お土産としても喜ばれそう。

くじゅうはなこうえん きゃんぴんぐりぞーと はなとほし

大分県 くじゅう花公園 キャンピングリゾート 花と星

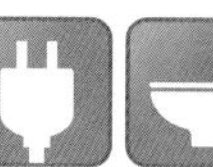

管理棟 デイキャンプOK 宿泊棟 テントサイト オートサイト AC電源 水洗トイレ シャワーなど レンタル用品 フリーWi-Fi
※手ぶらプランのみ

予・問 「キャンピングリゾート 花と星」のホームページ・オンライン予約サイトから、または（現地/9時～17時）TEL0974-76-1422

現地住所 竹田市久住町大字久住4050

受付開始 予約サイトで随時受付（ウェブ環境がない場合は電話でも受付可能）

定休日 不定休

開設期間情報  1 2 3 4 5 6 7 8 9 10 11 12 ※オートキャンプは通年（一部休業期間あり）

宿泊	（手ぶらキャンプ） ▶ in 15:00～ ◀ out 翌10:00 （オートキャンプ） ▶ in 14:00～ ◀ out 翌11:00
日帰り	日帰りの利用はなし ※平日の利用に限り、準備中

管理人 手ぶらキャンプ宿泊者がいる場合のみ常駐

手ぶらキャンプエリア、オートキャンプエリア、シャワー・洗面所、授乳室、夕食会場「ジンギスカン 北海道」、朝食会場「ローゼスカフェ」、売店「花の駅」、くじゅう花公園など

※手ぶらキャンプのみ、チェックイン前に仮入園でき、園内を散策可能

シャワー＆ランドリー

手ぶらキャンプ宿泊者のみシャワー・洗面所を利用可能（15:00～翌9:00）。その他は、近隣にある温泉の利用を

宿泊棟数・サイト数

バンガロー等 なし

テントサイト
【手ぶらキャンプエリア】
エアポールテント（4人用）15棟
特別テラスサイト碧葉（4人用）1棟

オートサイト
【オートキャンプエリア】
オートキャンプ（フリーサイト）20区画
バイクキャンプ（フリーサイト）4区画

その他 なし

アクセス

大分自動車道・九重I.Cから、四季彩ロード、やまなみハイウェイ、瀬の本経由で、約50分

Pick Up!!

毎月第2土曜日には、天体望遠鏡で星を鑑賞したり、撮影会などを行う「久住高原星空の巡りイベント」を開催している（有料）。星が好きなお子さんがいたら、キャンプの日程をイベント開催日に合わせよう。

日中は花と緑に癒やされ、夜は星空に包まれて

春から秋にかけ、年間500種・500万本の花が咲く「くじゅう花公園」。その園内にあるキャンプ場が「キャンピングリゾート 花と星」で、1泊2食付きのグランピングを楽しめる。

「花と星」という施設名通り、昼間は園内の花や背後のくじゅう連山の緑を一望でき、夜には満天の星空を眺めながら、BBQを楽しめる環境。毎月第2土曜日には、星空をテーマにしたイベントを開催している。

場内は、エアポールテント15棟と、特別テントサイト「碧葉（あおば）」1棟の構成。1棟ずつのスペースがゆったり確保されているので、プライベートをしっかり保つことができる。テントサイトの他、フリーサイトにはオートキャンプ用とバイクキャンプ用のスペースもある。水道水は久住の湧き水を使用しているので飲用OK。洗面所は温水、トイレはウォシュレット付きで便座も温かいので、ウインターキャンプも快適に楽しめそうだ。

エアポールテントは、テントの中心にポールが無いので、テント内の移動もラクラク。

トイレはウォシュレット付き。便座が温かいのは、冬キャンプ時には嬉しい配慮。

「くじゅう花公園」内の施設なので、春から秋には色鮮やかな花を楽しむことができる。

1泊2食付き、BBQ（炭グリル）の一例。家族や仲間だけで、ゆっくりテント内の食事が味わえる。

料金表

1泊料金

入場料
オートキャンプエリアのみ
高校生以上330円、
5歳以上165円、4歳以下無料

テントサイト
【手ぶらキャンプエリア】
通常営業13,200円～
ハイシーズン16,500円～
BBQプラン通常営業17,050円～
BBQプランハイシーズン20,350円～
※4歳以下1人1,000円
（添い寝、食事なし）
【特別テラスサイト碧葉】
通常営業23,100円～
ハイシーズン26,400円～
※テントサイト利用料金+宿泊料金
※4歳以下1人1,000円
（添い寝、食事なし）

オートサイト
【オートキャンプエリア（フリーサイト）】
オートキャンプ3,850円
バイクキャンプ1,980円
BBQセット（2人分）3,850円～
※年末年始特別料金有り

その他
※くじゅう花公園は別途入園料
【花公園特別割引入園券】
（2日間有効8:30～17:30）
高校生以上880円
5歳以上330円、4歳以下無料

日帰り料金

平日の利用に限り準備中

レンタル料金

現在は準備中。要問い合わせ

注意事項

直火	直火は不可。地面より20cm以上のBBQグリルや焚き火台を使用
花火	手持ち・打ち上げともに不可
ゴミ	可燃ゴミは、チェックイン時にもらうゴミ袋を使用。ビン・缶、ペットボトルは、分別してゴミ収集所へ ※ガスボンベは廃棄不可

近場のスポット！

くじゅう花公園

住所：竹田市久住町大字久住4050
TEL：0974-76-1422

くじゅうの厳しい冬が終わると、春にはチューリップやネモフィラ、夏にはラベンダーやひまわり、秋にはコスモスなど、季節の花が次々と咲く。定期的にイベントも行われているので、ホームページを要チェック！

いいづかすぽーつ・りぞーと　ざ・りとりーと

福岡県 いいづかスポーツ・リゾートThe Retreat

管理棟 ※フロント　デイキャンプOK　宿泊棟　テントサイト　オートサイト ※常設のテント、キャンピングカーあり　AC電源　水洗トイレ　シャワーなど　レンタル用品　フリーWi-Fi

予・問 「The Retreat」のホームページ・オンライン予約サイトで受付（現地・問合わせ/9時〜18時）TEL0948-82-3177

現地住所 飯塚市仁保8-37

受付開始 予約サイトで随時受付　http://the-retreat.jp

定休日 なし

開設期間情報 

宿泊	▶in 15:00〜 ◀out 翌11:00 ※プランによって変更あり（要問い合せ）
日帰り	日帰りの利用はなし

管理人（フロント）24時間常駐

マウンテンロッジ（ホテル棟）、アウトルックキャビン（コテージ棟）、コンフォートRV（キャンピングカー）、ジャーニーテント、レストラン「ザ・コモンズ」（宿泊者のみ）、カフェ「ガーデンキッチン」

シャワー＆ランドリー

シャワールームは全室に完備。ランドリーは、ホテル棟2階にあり。1回300円。

宿泊棟数・サイト数

宿泊施設
マウンテンロッジ（ホテル棟）15部屋
アウトルックキャビン（コテージ棟）5棟
コンフォートRV（キャンピングカー）4台

テントサイト
ジャーニーテント6張

オートサイト なし

その他
多目的ホール「ザ・コモンズ」
カフェ「ガーデンキッチン」

アクセス

（福岡市方面より）八木山バイパス・穂波東I.Cから、国道201号線経由で、約15分

Pick Up!!

リトリートの中心にはキャンプファイヤー台を設置。揺れる炎を眺めながらおしゃべりしたり、マシュマロを焼いてみんなで食べたり…。月や星空の下、ゆっくりくつろごう。※雨天中止

自然いっぱいの緑地で、心身ともにリフレッシュ

いっぱいの自然中で、スポーツが楽しめる筑豊緑地公園。ここに隣接するのが「The Retreat」だ。日常の忙しさから離れてスポーツを楽しみ、気分をリフレッシュできる、新しい感覚の宿泊施設。

ここでは、ホテル棟、2階建てのコテージ棟、ジャーニーテント、キャンピングカーの、計4タイプのグランピングが体験できる。どの部屋に泊まるか、選ぶのも楽しみのひとつと言えそう。チェックイン時に予約すれば、翌朝のヨガへの参加も可能。日中は、緑地公園内にある遊具で子どもと遊んだり、片道約20分の気軽なハイキングコースで汗をかこう。

宿泊料金には夕食と朝食も含まれる。夕食は、前菜からメインの魚介類や牛肉のバーベキューまでを、コースで味わえる。手ぶらで出かけてアウトドアが堪能できるのが人気だ。誕生日や記念日にはケーキの注文もできる（要予約）ので、サプライズのお祝いにもピッタリの施設。

全部で6張りある「ジャーニーテント」。室内には、冷暖房、トイレとシャワールームを完備。

小さい子ども連れなどの場合には、ホテル棟「マウンテンロッジ」もあるので安心。はしごを登るロフトベッド付き。

ガスグリルを使用した、夕食のバーベキュー例。炭と違い火力の調整が簡単なので、バーベキュー初心者向き。

アメリカンヴィンテージデザインの「コンフォートRV」。アルミ製のボディは、特に男性に人気だ。

料金表

1泊料金

宿泊施設

マウンテンロッジ（ホテル棟）
（2人1棟利用時）16,335円～

アウトルックキャビン（コテージ棟）
（2人1棟利用時）19,360円～

コンフォートRV（キャンピングカー）
（2人1棟利用時）16,335円～

テントサイト

ジャーニーテント
（2人1棟利用時）13,310円～

※要・添い寝の子ども（小学生以下）は無料。ベッド利用の場合はベッド代4,840円
※お子様ディナープレート1,815円
※お子様朝食1,210円

日帰り料金

日帰りの利用はなし

レンタル料金

レンタル用品はなし
各宿泊棟ともに下記のアメニティは用意されている。
バスタオル、フェイスタオル、歯ブラシ、シャンプー、コンディショナー、ボディソープ、洗顔・手洗いソープ、スリッパ、オリジナルドリップコーヒー、ハーブティ など
※パジャマやヘアブラシは各自で持参しよう

注意事項

直火	直火は不可。施設内にキャンプファイヤー台あり
花火	手持ち花火のみ、指定場所で可
ゴミ	持ち込みで出た空き缶やペットボトルなどのゴミは、持ち帰ろう

近場のスポット！

筑豊緑地公園

住所：飯塚市仁保8-25
TEL：0948-82-1023（公園管理）

隣接する筑豊緑地公園は、テニスコートや野球場があるスポーツ施設のほか、コンビネーション遊具やクライミングウォールなどレクリエーション施設も揃う。たまには思いっきり体を動かそう。

グランピング

ふきあげはま ふぃーるどほてる

鹿児島県 Fukiagehama Field Hotel

管理棟 ※フロント

デイキャンプOK

宿泊棟

テントサイト

オートサイト

AC電源

水洗トイレ

シャワーなど

レンタル用品

フリーWi-Fi

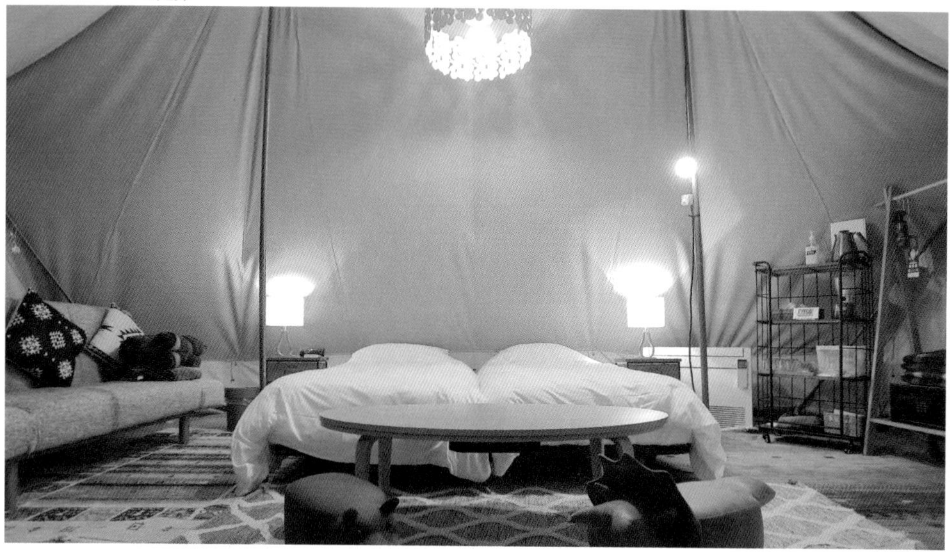

予・問 TEL0996-36-2511（現地）または、ホームページ・予約サイトでも受付可能

現地住所 いちき串木野市湊町1-101

受付開始 利用の前日から電話か予約サイトで受付

定休日 なし

開設期間情報 ①②③④⑤⑥⑦⑧⑨⑩⑪⑫

宿泊	▶in 15:00〜 ◀out 翌11:00
日帰り	日帰りの利用はなし

管理人（フロント） 7:00〜22:00 常駐

フロント、テントルーム、トレーラールーム、パブリックスペース（バー、ファイヤーサークル、プール、シアター、囲炉裏、テラス）、ドッグラン、フィールドエリア

シャワー＆ランドリー

敷地内にシャワールームあり。入浴は隣接する「市来ふれあい温泉センター」を利用できる

宿泊棟数・サイト数

宿泊施設
トレーラールーム（4人用）13棟

テントサイト
テントルーム（4人用）6棟

オートサイト なし

その他
センター棟（2021年開設予定）

アクセス

南九州自動車道・市来I.Cから、国道3号線経由で約9分

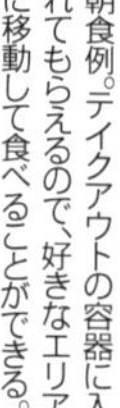

朝食例。テイクアウトの容器に入れてもらえるので、好きなエリアに移動して食べることができる。

Pick Up!!

フロント横の「パブリックスペース」。日中は温水プールで泳いで、夜はライトアップされた空間で、映画やお酒を楽しむことができる。スポーツイベント時には、パブリックビューイングを開催予定。

子連れでオシャレにグランピングを体験しよう！

子どもがまだ小さかったり、ペットがいると、キャンプデビューのきっかけがなかなか掴めないもの。そんなファミリーにおすすめしたいのが、「Fukiagehama Field Hotel（吹上浜フィールドホテル）」。

宿泊は、トレーラールームとグランピングテントの2種類。トレーラールームは、ウッドデッキで海を眺めながらバーベキューができる平屋タイプと、愛犬や愛猫などペットと泊まれる2階建てタイプの2種あり。場内にはドッグランも併設されているので、愛犬家には嬉しい。

テントルームは4人まで宿泊可能。ベッドはもちろん、冷暖房やオシャレな照明と家具が据え付けられている。子連れでも手軽にグランピング体験ができて、家族みんなの思い出に残る一日が過ごせそう。

宿泊プランは食事込みはもちろん、持ち込みでの調理もOK。近くにはスーパーや野菜の直売所もある。プランの選択肢が多いのも嬉しい。

愛犬や愛猫と一緒に泊まれる部屋（ペットフレンドリー）や、ドッグランも完備。ペットと出かけて、一緒の部屋に泊まれるのは嬉しい。予約時には、「愛犬同伴宿泊同意書」のサインも必要。

パブリックスペースにある、キャンプサークル（18時～22時まで）。マシュマロを炙って食べることもできる。

トレーラーは2タイプ。海側にある平屋と、2階建てのペットフレンドリー。デッキでは、バーベキューもできる。

料金表

※料金は平日4人で利用した場合の、1人あたりの価格（税込み）

1泊料金

宿泊施設
【トレーラールーム】
食事なし6,050円～
朝食付き7,150円～
2食付き10,450円～

テントサイト
【テントルーム】
食事なし4,675円～
朝食付き5,775円～
2食付き9,075円～

※宿泊プラン、季節、曜日によって変動あり
※小学生は大人料金の50%
未就学児（食事・布団なし）無料
※入湯税1人150円
※ペットの宿泊料金は、1泊につき1匹目2,200円、以降1匹につき1,100円

レンタル料金

調理器具、調味料類は各部屋にあり。ブランケット、ひざ掛け、バドミントン、キャッチボールセット、各種トランプ、ゲーム、加湿器など無料貸し出しあり。22時までにフロントへ

隣接する「市来ふれあい温泉センター」。受付時に大浴場フリーパスが配布されるので、何度でも入浴することができる。

注意事項

直火	直火は不可、火器類の持ち込みは禁止。施設内の備品を使おう
花火	花火は、指定の場所のみで可能
ゴミ	分別して処理してもらえる。可燃ごみと不燃ごみは、部屋のデッキに設置しているゴミ箱へ。缶、ペットボトル、瓶は部屋内のビニール袋へ

近場のスポット！

市来ふれあい温泉センター

住所：いちき串木野市湊町1-100
TEL：0996-21-5022

「市来ふれあい温泉センター」には、内風呂、露天風呂のほか、ジェットバス、電気風呂、打たせ湯など豊富に揃う。家族風呂（1時間/1,000円）は宿泊者の場合、フロントで500円割引券の用意あり。

こもん いどえ

熊本県 COMMON IDOE

管理棟 デイキャンプOK 宿泊棟 テントサイト オートサイト AC電源 水洗トイレ シャワーなど レンタル用品 フリーWi-Fi

予・問 TEL096-282-8591(現地・問合わせ/10時～17時) または、ホームページ・予約サイトでも受付可能

現地住所 上益城郡甲佐町大字安平872-2

受付開始 利用の3ヵ月前から電話か予約サイトで随時受付

定休日 木曜日　※水曜日は日帰り利用のみ(18時まで)

開設期間情報 1 2 3 4 5 6 7 8 9 10 11 12

宿泊	(グランピングサイト) ▶in 14:00～ ◀out 翌10:00 (持ち込み区画サイト) ▶in 13:00～ ◀out 翌12:00
日帰り	日帰り利用応相談

管理人 通常 10:00～17:00 常駐
※宿泊者がいる場合 24時間常駐

グランピングサイト、持ち込み区画サイト、シャワー棟、芝生エリア、河原エリア、インフォメーション(受付棟)、COMMON SPACE(カフェ＋本屋)、COMMON SHOP(複合ショップ)

シャワー＆ランドリー

敷地内にシャワー棟あり。24時間利用可能(5分・200円)。持ち込み区画サイト宿泊者も利用可

宿泊施設 なし

テントサイト
グランピング(定員4人)4棟
グランピング(定員2人)4棟
持ち込み区画サイト10区画

オートサイト なし

その他 なし

アクセス

九州自動車道・御船I.Cから、国道218号線、県道220号線を経由で、約25分

場内にあるセレクトショップ。ドライフラワー＆生花店、ハンドメイド雑貨店などが入る。

Pick Up!!

キャンプ場そばに緑川が流れている。河川敷側は浅瀬なので、小さなお子さんも水遊びできそう。また、夜はここで手持ち花火もできる（注意事項参照）。ルールを守って楽しく遊ぼう。

九州の"ヘソ"の位置にあるグランピング施設

九州のほぼ中央、「ヘソ」の位置にあるキャンプ場「COMMON IDOE（コモン イドエ）」。近くを流れる緑川を眺めながら、アウトドアを堪能できる「井戸江峡キャンプ場」として、長年キャンパーたちに愛されてきた。2020年、グランピングを中心としたキャンプ施設に一新。以前のキャンプ場を知っている人も、初めて訪れる人も、思い出を「COMMON＝共有」してほしい…という想いから付けられた名称だ。

場内は、グランピングは定員4人までが4棟、定員2人までが4棟。中級～ベテラン向けには、従来通りの持ち込みテントサイトエリア（10区画）もある。

グランピングは、夕食と朝食の2食が込みになった価格設定。テント内は4人でも十分就寝できる広さで、Wi-Fiも完備。食事はテント横のスペースで。テーブルにはコンロも付いているので、アヒージョ（メニューによる）などのグリル料理を、熱々で味わうこともできる。

グランピング1泊２食の夕食例。テーブルにはコンロも付いている。地元で採れた野菜もみずみずしい。

グランピング（定員４人）の内観。広～い空間にベッドが並ぶ。シャワーは屋外にある共同のシャワー棟を利用。

グランピング定員2人のエリア。囲いがあり、プライバシーを確保。親子、夫婦、カップルでの利用にピッタリのサイズ！

持ち込み区画サイトは、河川敷側に配置。10区画分のスペースがあり、中級者以上にオススメ。キャンプに慣れてきたら、是非こちらも試してみよう。

料金表

1泊料金

テントサイト
【グランピング（定員4人）】
2人まで14,300円
1人追加毎6,600円
小・中学生1,500円
未就学児無料
＋食事（夕/朝）
大人4,730円、子ども2,200円

【グランピング（定員2人）】
2人まで7,500円
＋食事（夕/朝）
大人4,730円、子ども2,200円

入場料
持ち込み区画サイトのみ
大人500円、小学生250円、未就学児無料

【持ち込み区画サイト】
2人以上3,000円
ソロ（金・土・祝祭日前日）1,500円
ソロ（日～水曜）1,000円

日帰り料金

入場料
持ち込み区画サイトのみ
大人500円、小学生250円、未就学児無料

【持ち込み区画サイト】
2人以上3,000円
ソロ（金・土・祝祭日前日）1,500円
ソロ（日～水曜）1,000円

レンタル料金

レンタル用品はなし

注意事項

直火	直火は不可。焚火台を利用しよう
花火	河川敷で手持ち花火のみ可能。打ち上げ、ロケット花火や音が出る物は不可
ゴミ	基本的に全て持ち帰り。分別すれば150円で引き取りも可能。炭は灰捨て場に

近場のスポット！

道の駅 美里 佐俣の湯

住所：下益城郡美里町佐俣705
TEL：0964-46-4111

クルマで約12分ほどの場所に、「道の駅 美里 佐俣の湯」がある。ここは、掛け流し天然温泉や足湯などを併設した道の駅。地元特産のアスパラや、ぶどうを使った商品が並ぶ。

九州 親子で行きたい！
ファミリーキャンプ場完全ガイド　改訂版

2021年6月15日　　第1版・第1刷発行

著　者　ほり編集事務所（ほりへんしゅうじむしょ）
発行者　株式会社メイツユニバーサルコンテンツ
　　　　代表者　三渡 治
　　　　〒102-0093 東京都千代田区平河町一丁目1-8
印　刷　三松堂株式会社

ご意見・ご感想はホームページから承っております。
ウェブサイト　https://www.mates-publishing.co.jp/

編集長：折居かおる　副編集長：堀明研斗　企画担当：堀明研斗／清岡香奈

※本書は2016年発行の『九州 親子で行きたい！ファミリーキャンプ場完全ガイド 』の改訂版です。